翠湖堂 吟風弄月 취호당
음풍농월

취호당 최재문 서사시집

翠湖堂 吟風弄月 **취호당
음풍농월**

초판 인쇄 2025년 7월 1일
초판 발행 2025년 7월 7일

지은이 최재문
펴낸이 강신용
펴낸곳 문경출판사
주 소 34623 대전광역시 동구 태전로 70-9 (삼성동)
전 화 (042) 221-9668~9, 254-9668
팩 스 (042) 256-6096
E-mail mun9668@hanmail.net
등록번호 제 사 113

ⓒ 최재문, 2025

ISBN 978-89-7846-876-3 03810

값 20,000원

* 무단 복제 복사를 금함
* 잘못된 책은 교환해드립니다.

취호당 최재문 서사시집

翠湖堂 吟風弄月 취호당
음풍농월

문경出판사

시인의 말

『취호당 음풍농월』은 쪽빛 호수에 은거하며 달빛을 빚어 시를 짓고 바람을 읊는 흥취 속에, 조선 선비의 고결한 삶과 풍류 미학을 닮고자 했다. 사물의 미적 감동과 내적 성찰로, 산란하는 빛의 박동 소리를 사색했고, 과거를 끌어와 미래 지향의 명암보다, 색채와 무늬에 더 세심하게 귀 기울였다. 소멸하는 존재로서의 삶을 응시하며 유학(儒學)의 도의(道義)와 문화(文化)를 삶의 근간으로 삼아, 사문(斯文)의 길을 추구했다. 인(仁)과 애(愛)를 바탕으로 인간다움과 삶의 가치를 실천하는 가르침에 심취했고, 가뭇없는 선택적 기호의 미학적 성찰을 통해 삶의 의미를 부단히 탐구했다. 그 모색의 과정이 따뜻해지고 그윽해지는 어울림의 기척들은 감정의 자아를 찾아 나선 결과이다.

내내 심미적 디자인으로 가없이 조각할 언어를 찾을 것이다.

취호당 최재문

차례

■ 시인의 말 019

제1부 깊이 휜 존재의 무게가 소리로 피어나

019 | 소금꽃
020 | 각설이 장타령
021 | 해안선
022 | 메타버스
024 | 윤회의 황톳길
025 | 김용사 탁무鐸舞
027 | 흰 잎 찔레꽃
028 | 규칙의 좌표
029 | 사피엔스 sapiens
030 | 낭패한 천년을 탁본한다
031 | 상사화
032 | 사서삼경四書三經
034 | 씨방의 진화
035 | 옥빛 음계
036 | 죽竹의 곧음과 난蘭의 아취雅趣
037 | 촉수
038 | 취호당翠湖堂 음풍농월吟風弄月

043 | AI 문화 혁명
044 | 남계 묵향 南溪 墨香

제2부 맑은 바람과 밝은 달빛이 빚은 선비

49 | 묵향의 빛금
50 | 심전도 곡선
51 | 허공을 비운다
52 | 선비의 풍류
53 | 한 우물
54 | 가야금 탄주
55 | 봄비의 소망
56 | 청풍명월이 淸風明月이 빚은 충청도 양반
67 | 숲세권 아파트
68 | 무인도
69 | 부조리
70 | 정월 대보름
71 | 유수
72 | 봄의 궤적
73 | 황홀한 비상

74 | 잎들의 취기

제3부 찔레꽃 안에 한 줌 새소리가 들린다

77 | 전통의 가치
78 | 갑진 청용의 용트림
79 | 기억의 무늬
80 | 나 살아 있네
81 | 회억의 쉼표
82 | 영혼이 머물고 가네
83 | 호수의 감성
84 | 당신을 경배합니다
85 | 산빛 닮은 바다
86 | 습곡의 향기
87 | 바다 사냥
88 | 한류에 내재한 선비의 풍류
95 | 홀씨의 여로
96 | 봄의 궁전
97 | 날 선 황홀
98 | 만추의 강

제4부 휘돌아 흐르다 넋을 놓고

101 | 냉이
102 | 오월의 싱그러움
103 | 새순의 간헐
104 | 가시나무새
105 | 유랑 별
106 | 잎샘 꽃샘
107 | 봄의 수다
108 | 봄의 빛깔
109 | 머묾의 여유
110 | 날 더러 어쩌라고 어찌하라고
112 | 관례 冠禮는 사회적 인격체로
112 | 공인하는 성인례 成人禮다
119 | 이팝꽃
120 | 가을앓이
121 | 갈대의 랩소디
122 | 존재의 본질
123 | 물길 바람길

제5부 허공으로 뻗지 못한 그림자가 비어 있다

127 | 동행
128 | 갈증의 쉼터
129 | 오지랖
130 | 풍류 한 모금
131 | 훨훨 날아라
132 | 빗소리에 뿌리가 있다
133 | 당신이 사랑
134 | 도시의 오로라
135 | 왈 풍류
136 | 소리가 휜다
137 | 삶의 연륜
138 | 인생인 것을
139 | 상례 喪禮는 산자 生者와
139 | 죽은 자 死者의 의례 儀禮
151 | 기억의 회로
152 | 임 바라기
153 | 적도의 가슴

제6부 깊이 휜 존재의 무게가 소리로 피어나

157 | 홍매화

158 | 덤 바위의 꿈

159 | 닻이 덫이었나

160 | 첫정

161 | 그림자 몸

162 | 옥계 玉階

163 | 별 하나 품은 까닭은

164 | 가을비 오는 날

165 | 갈 빛 궁전

166 | 바람 따라가는 길

167 | 제례 祭禮는 망자 亡者를 추억하고

167 | 조상을 숭배 崇拜하는 의례 儀禮

175 | 동백꽃 연정

176 | 여백에 담은 향기

177 | 새색시의 눈꽃

178 | 물의 천성

179 | 사문진작 斯文振作

평설

185 | 시정신의 근간은 선비정신이다
　　_ **신협**(시인. 문학박사. 시문학회 회장. 충남대 명예교수)

189 | 시적 언어의 중점가치를 심미적 디자인하는 시인
　　_ **제갈정웅**(시인. 경제학박사. 대림대학 총장 역. 한국현대시인협회 이사장)

191 | 감각적 묘사, 감성이 빚어낸 서정 미학
　　_ **손수여**(문학박사. 문학평론가. 국제PEN한국본부 대구지회장)

199 | 선비의 풍류를 찾아
　　_ **이승복**(시인. 문학박사. 홍익대학교 사범대학 교수)

『제1부』

깊이 휜 존재의 무게가
　　　소리로 피어나

취호당

소금꽃

신안 증도 태평 소금밭에는

파도를 바람의 갈퀴로 끌어모아
쏟아지는 땡볕 가슴에 안고
파도 마디 허물어 시간을 절여서
고운 빛깔 화음의 향기로
쏟아진 폭양은 물결 따라 춤추고
함초 갯개미취 해홍나물 갯골에는
염부의 땀방울에 해조음을 수놓아
물의 몸체에 햇빛의 문양을 새기고
염밭에 닿는 긴 아픔을 깨물어
향기도 색깔도 자연의 맛으로 남을
깔끔한 맛을 토해놓은 토판염

염부의 등짝에 핀 희세의 소금꽃

각설이 장타령

그림자 지운 굴곡진 발자취 따라

빛바랜 문전, 길 잃은 걸음 짊어진 채
쭈그러진 깡통에 허리춤을 매달고서
삼백 리 가는 길에 정든 임 만났구나

일 자나 한장 들고나 보니
얼씨구 시구 들어간다, 저 얼씨구 시구
작년에 왔던 각설이 죽지도 않고 또 왔네

굿거리 장타령을 덧뵈기로 넘기고
추녀 밑에 망연히 걸터앉아
붉게 타는 종소리에 허기를 쓰다듬고

실금 간 발가락이 애처롭구나

해안선

동해 해안선에 칼바람을 벗하는 수평선이 진동했다

"경고" 밤 7시 이후 접근자는 간첩으로 오인 사살될 수 있음

 부딪히는 파도 소리 해안선에 조준되는 총구는 간첩 잡겠다는 각오로 홀로 훈련에 거듭했던 초병의 야시경에 낮은 포복으로 들썩이는 어깨가 잡혔다 그의 눈빛은 침착하게 정조준한 총은 불을 토했고 들썩였던 어깨는 탄발에 찢겨 철조망 아래로 흩어졌다

 초병은 포상 휴가를 나와 청년의 난봉을 낮은 포복으로 오인한 죄책감을 하늘에 고백했고 점점 난폭한 행동에 정신장애로 전역을 하였지만 헝클어진 흉터를 묻어둔 가슴패기에 태산준령이 흔들리고 그림자의 몸부림은 굴절된 시간을 내려놓고 물감이 번지는 허공에 기도하는 회한

 해안선 따라 야릇한 미소를 흘리며 꽃등에 결박당해 철책선을 맴도는 여인이 있었다

메타버스

문화의 축은 메타 트렌드로 trend

삶을 디지털로 확장하여 과학 인문 메타버스 승차로 퍼즐의 뿌리를 지혜로 쟁인다. 메타Meta와 유니버스 Universe의 메타버스*는 현실 세계의 가상현실 VR, 증강 현실 AR, 사물 인터넷 IoT, 정보통신 ICT를 결합한 실상을 최대화한 증강 현실의 구현이다, 인간 친화적 선비정신을 메타 사피언스 Meta Sapience*로 일상을 변환하고, AI 메타버스 로봇과의 동거, 노화, 종말, 기후 위기 등을 메타 추세로 변환한다. 기계에 꽃이 피는 생명의 경의로움, 인문학적 가치를 분배하고, 공익과 사익 생존권의 이해관계는 선비정신을 극대화한 메타버스로 변환했다. 꽃물 든 미소는 상큼한 향기로 피어 황량하게 얼어붙은 가슴 일깨워, 줄기와 잎을 틔워 뿌리가 꽃잎을 열고, 미소가 존재하는 이성이라면, 인류애가 사문斯文*이라

인문 문화 메타버스Metaverse 증강

*메타버스 Metaverse: 집합적은 3차원 가상 공유 공간. 메타버스 또는 확장 가상 세계는 가상. 초월을 의미하는 '메타'와 세계 우주를 의미하는 '유니버스'를 합성한 신조어. *메타 사피언스 Meta Sapience: 메타버스가 생활의 일부가 된 메타버스 세대가 빠른 속도로 늘어남에 따른 신조어로 현실이 된 가상공간과 함께 살아가는 인류를 뜻함. *사문斯文: 유학의 도의와 문화.

윤회의 황톳길

잎마다 은빛 영혼이 탄식했다

그리움 묻어 대를 이은 천륜
근엄한 함묵에 청록 빛깔을 담아
천공을 울리는 윤회의 황톳길에
향 붉게 물든 울림의 고요는
맑은 맥박의 사구에 만장*을 휘날린다
어둡고 안개 잎 짙은 에움 길
애끓는 발원을 간절한 촛불에 모으고
살았을 제 가던 길 노랑어리연꽃 방죽
잎 덮고 가는 길 덧없는 음절이라
지워진 발자국을 석양에 걸어놓고

낭패한 천 년 전부를 흐느낀다

---

*만장 挽章: 죽은 사람을 슬퍼하며 지은 글.

김용사 탁무 鐸舞

백두대간 주흘기맥 적벽에 뿌리내려

운달산 구름벼랑 습곡을 덮 씌우고
꿰맨 그림자 기운 발자취 따라
붉은 황장목 솔향이 자비로 피어나서
고운 현에 깊은 감흥의 빛금 따라

망각의 덫을 뽑아 탄주를 읊고
좌우 위아래 오금을 주고 끄떡여 흥을 보태고

자진모리 감아도는 지그재그 탁무는
법어의 반영을 불렀으니

산섶 머금은 숲 향의 늪으로
숲에 쌓인 새 울음이 온통 탱자 빛이라
비운 마음 아련히 돌아보니
응진전 풍경의 몸짓이 백팔번뇌이거늘

비우고 낮춘 염불 삼매경은 무아무심이라

구름 여울 구비 넘고 뉘 없이 떠나는 길
행과 연을 선율로 읊는 독경이니
연향 가득한 연밥에 하늘이 가득한데

머묾의 탁무는 장삼속 해탈의 여유어라

흰 잎 찔레꽃

낙원재 뒤란에 향기가 살고 있다

노란 씨방 새하얀 찔레꽃은
날선 허공을 품어 숨겨진 세상을 열고
외로움이 한 잎 쌓여
소리그늘 굽이치며 환영의 넋으로
순백 소복하게 꽃잎에 돋은 심장이라
낭자한 수줍음을 담아내는 향기로
눈빛에 덧났던 기억들이 펄럭여서
찔레꽃 안에서 한 줌 새소리가 들린다
앵돌아져 하얀 미소로 떠도는 이 아픔
감출수록 더 외로움 어이하랴

가 이 어린 흔적들이 빛살로 굽이친다

규칙의 좌표

도시의 호흡이 야윈 등짝을 뚫고

촉각이 헤진 곳에 고단함을 묻고서
속 깊고 잎 넓은 한밤을 덮고
무뎌지는 삶의 늪에 규칙의 좌표가
어둠이 낳은 영역의 무늬가 꿈틀거린다
어지럼을 타고 초속으로 달리는 불빛
신호대를 정조준한 핸들의 촉수는
발목의 긴장을 뽑아 무릎을 다독인다
차창에 묻어 쓴웃음을 짓는 얼굴이
굴절된 형상에 시간의 얼룩을 복제하여
흩어진 소음의 표류를 진열하는데

규칙의 이정표에 좌표를 찍는다

사피엔스 sapiens

기억을 가슴으로 품은 메모리

오늘을 클릭하면 어제가 연산된다
자아를 가진 AI 데이터는
무선 키보드가 허공을 클릭하자
들쑤신 혼돈의 편린을 깨워
가슴앓이에 쌓인 낙조가 선혈을 토하고
메타사피언스는 일상을 정돈한다
데이터베이스를 가다듬는 AI는
인간 친화적 4차 혁명의 메타 트렌드로
빛의 향기 따라 인간 윤리를 몰고 와
프로토콜을 업그레이드한
가공데이터로 인간 친화를 조각했다

예의와 염치를 아는 AI

낭패한 천년을 탁본한다

산천은 낭패한 천년을 흐느낀다

편서풍은 바람의 허파를 잘라 먹고
찢긴 마디 허물어
시간을 산화시킨 분진을 가지에 걸어 놓고
숲 채를 휘어잡은 잎들의 초췌한 몰골
그림자 덮은 숲들의 살갗을 찢는다
뇌수의 계곡은 덩굴로 칭칭 감고
절규는 잎을 틔운 아픔을 헤아린다
숲들은 천 길 호심처럼 맑고 밝게
초록 가슴 쓰다듬어 빛을 초대하고
짙푸른 잎맥이 밀어 올린 파장의 무게로
음률이 싱싱한 꽃향기 짙게 깔아
잎들은 뿌리를 기억하는 함성으로
통 큰 허공에 싱싱한 자궁을 쟁인다

산천은 부유분진의 음모를 탁본한다

상사화

곱고 외롭게 향기롭던 황홀이라

멍에의 뿌리가 꽃등을 씹는 환청으로
분홍 씨방 혼을 태운 눈부신 잉태로
치밀하게 피었다 잔인하게
고은 연정 헤집어 애끓게 짚어 놓고
잎 잃은 가녀림을 어찌 하라구
가슴 후빈 상처에 슬픔이 고이는구나
시들지 않고 아리고 쓰린 애잔함
연분홍 고운 빛깔 찢고 볼 붉히니
너답게 피었다가
향기 허문 화냥끼를 어찌할거나
어쩌자고 어찌하라고

활줄에 올라탄 팽팽한 그대는 상사화

사서삼경四書三經*

향기에 쌓인 침묵이 이제금 인륜을 본다

실천도덕이 사단四端*이요
지성의 원천이 덕성이고 본성의 바탕이 천성이라
천륜의 음계는 낭자하게 벙그렇고
여백에 입체를 담아내는 성정의 무게는
부딪쳐 되돌아온 뇌수의 황홀
존재가 이성이면 부끄러움을 아는 것이 염치이거늘

문향文香*에 문맥文脈*이 하늘에 가득한데
칠정七情*은 애증을 깨달아 둥글어지고
움푹 파인 멍 자국이 오욕五慾*이라
백 년을 훑아 천년을 엎질렀구다

어찌하랴 걸쌈스런 위엄은 기억의 두께로 깎이는데
참회로 돋아 맘 깊은 곳에 틔운 움
마땅히 갖추어야 할 성품이 인의예지仁義禮智*라

전통의 가치는 지키는 것이 아니라 삶이 되어야 한다

*사서삼경 四書三經: 논어. 맹자. 중용. 대학과 시경. 서경. 주역의 세경서를 말하고 '7서'라고도 한다. *인의예지 仁義禮智: 仁 측은지심, 義 수오지심, 禮 사양지심, 智 시비지심, *칠정七情: 喜 기쁨, 怒 노여움, 哀 슬픔, 懼 두려움, 愛 사랑, 惡 미움, 欲 욕심. *오욕 五慾: 재욕 財慾. 성욕 性慾. 식욕 食慾. 명예욕 名譽慾. 수면욕 睡眠慾. *근원 根源: 물줄기가 나오기 시작하는 곳. *천성 天性: 본래 타고난 성격이나 성품. *성정 性情: 타고난 성질과 심성. *윤리 倫理: 사람이 행하는 도리.

씨방의 진화

암술대의 씨방 속 꽃령에는

자궁을 둘러싼 씨방에는
등살 틔워 찢어진 옹알이가 있고
덧씌워 화려한 통증이 있어
그림자의 갈증에 불꽃무늬로
이윽고 번지는 향기 한 가닥 가눈다
씨방이 꽃의 진실을 품고
가녀린 뿌리는 씨방을 두드려서
꽃의 실핏줄이 향기를 모아서
향긋한 꽃잎이 흔들리는 깃발은
꽃몽이 품은 씨방의 진화

씨방이 진화는 꽃의 품은 마음

옥빛 음계

수미산 능선에 퍼지는 징 소리

연잎 술잔 오도카니 온기로 피어놓고
그리움 아릿한 그림자에
기억의 포말을 촘촘히 흔들어서
초점 잃은 물결에 애 끓이고
맥박은 리듬 따라 한의 날개를 퍼덕여서
구름벼랑 휘감아 찢어진 가슴에
능선 따라 퍼져가며 넋두리를 읊고
그렁한 눈동자에 앉아있는 옥빛 음계
휘돌아 밀렸다가 뒤돌아 부서지는 음절
휘파람을 구부린 새벽 소리를 쌓는다

세월의 갈피를 휘감은 옥빛 음계

죽竹의 곧음과 난蘭의 아취雅趣

 망각의 덫에 걸린 풍경이 출렁이면 초승달은 그믐달로 여위고 홀로 뜬 워낭소리를 다독인다

 낙원재에 빛깔 접어 향기로 읊는 글 소리는 정지된 그림에 흩어진 감흥을 지피니 묶었던 방향은 기억을 뚫었구나, 초가지붕에 달빛 받아 핀 푸른 박꽃 닮은 정취는 온돌 아랫목 술 단지의 향내로 목젖을 적시고, 가물거리는 누렁이 거드름에 손사래를 치는 바람의 주름살, 나른한 속도감에 취한 구 마 국도에는 구름 같은 먼지들이 시야를 흔들었다

 고요가 꽃으로 피어나 별처럼 눈부시고 죽竹의 곧음과 난蘭의 아취雅趣를 품어 의관을 정제한 선비가 읊는 시조창 소리에

 그곳에 가 닿는 것이 가슴 두근거리고 포근하다

촉수

보문산 산정에 그은 빗금

봄비의 촉수에 덧난 흙이 알을 품고
햇살 찍고 볼 붉힌 사무침의 갈증으로
능선따라 목선 하나 봄을 져어가면
반짝이는 여운 하나 허공에 심어놓고
맑은 음율에 취해버린 적막의 주파수로
천 길 바다보다 깊은 심연으로 흐른다
먼눈팔고 깊이로 떨군 고운 연정이라
산천이 일어나 숲을 토하는 해묵은 흔적
허물어져 잘 익은 새벽 깊이에
여명으로 물들여 동살 틔운 넋이거늘
허공에 생각 하나 하얗게 뚫어 놓고
허허로이 쏟아 굽이치는 휘영한 그림자

보이지 않은 곳에 머무는 촉수

취호당 翠湖堂
음풍농월 吟風弄月

취호당翠湖堂* 음풍농월吟風弄月*이라

푸른 호수를 내려다 보는 취호루
맑은 바람과 밝은 달빛을 빚어 산천과 하나 되어
시를 짓고 흥취를 자아내어
자연을 벗하며 풍류를 즐기는 선비

강나루 둔덕에 외롭게 매달린 설중매는
은빛 꽃가루를 뿌리고
새벽달이 깊은 강물 속에 사유를 낚아챈다

산등성이가 그림자를 밟고

수평선을 예인하는 외로운 섬 하나 그곳에 앉아
베풀지 못한 회안에
살아남았다는 가치의 남루함에 얼굴을 붉히고
누추한 밤을 깨워 새벽을 뒤척인다

취호당의 일상은 애끓는 발원을 간절한 촛불에 모아서
산천과 인간의 부조화를
어지러운 추상화에 머무름을 찾아 본다

넘치지도 부족하지도 치우치지도 않으면서
중용지도中庸之道*에서 서성이고
명분과 의리를 학예 일치와 지행합일로
이성적 삶과 감성적 삶의 몸부림은
삶 자체가 학문과 예술로 승화하였으니

취호당의 하루는 인시寅時에 잠자리에서 일어나
부모님과 사당 집안일을 둘러본 후
사랑에서 글을 읽었다

묘시卯時에 의관을 갖추고 부모님께 문안을 올리고
이어서 집안 자녀와 후학을 가르쳤다

진시辰時에 조식 후 독서와 후학들에게 숙제를 주고
벗이 찾아오면 함께 학문을 토론하였다

사시巳時에 오전 일과와 자녀와 후학들의 책 읽기를
살피고 방문객을 접대했다

오시午時에 부모님의 건강을 살피고 집안일을 돌본 후
독서와 벗과 친지에게 안부 편지를 썼다

미시未時에 낮 동안 지친 심신을 위한 명상과 산책
시 낭송 서예 활쏘기 등 취미생활과
저녁 식사 후 음미하듯 가벼운 독서를 한다

유시酉時에 부모님의 잠자리를 살피고 일과를 점검한 후
자녀와 후학들의 공부를 점검 마무리한다

술시戌時에 문단속 우마 단속 등 집안을 순시하고
일기를 쓰고 자녀에게 복습시킨 후
하루를 정리하는 명상에 잠겼다

산천에 그리움의 뼈를 묻고
선산 소나무는 언제나 푸르고 변하지 않았다

해시亥時에 잠자리에 드는 정해진 생활을 하였으며
수도사와 다를 바 없는 수기치인 하는 자세로
자식이나 후학들에게는 모범이 되었다

선비는 극기복례克己復禮*로 자신을 이겨내고
예를 따라 참다운 도를 이룩하였으며
내가 죽더라도 *인仁을 이룩하겠다는 정신과
살신성인殺身成仁*의 도를 행하였다.

말과 행동은 거짓이 없어야 하며
불의를 거부하고 꼿꼿한 마음으로
수기치인修己治人*하며 몸과 마음을 닦은 후에
남을 다스렸다

배금주의 사상의 팽배는
인륜의 붕괴, 예의범절의 단절로 이어지고
범죄의 양극화와 인본仁本*의 가치상실시대가 와도
선비들은 무능과 오만함에 반성이 없었고
끌어 덮는 세월의 자국이 머뭇거린다

유학의 최고가치인 명분을 핑계로
지조인 의리義理*는 깡패 용어가 되고
사기士氣*는 군의 기개를 뜻하는 구호가 되고
청빈淸貧*은 구시대 덕목이 되었으니
동기나 과정보다 결과가 판을 쳤다

갈등과 대립은 심화하고

풍요가 곧 행복이 아닌 혼란으로 빠졌다
혼란을 도덕적 타락에서 찾고
도덕적 타락을 인간 본성에서 찾아야 했다

사람 사이에 예의가 됐든 사회규범이 됐던
그 기본이 되는 것이 염치다
염치는 부끄러움을 아는 양심이다
물결은 늙은 햇살을 키우면서
고요가 꽃으로 피어나 별처럼 눈부시다

달빛을 거져내고 달을 버리는 간곡함
던져주는 눈빛에 상념이 젖어든다

꽃을 피워내기 위해 빛을 초대하고
빛은 무지개를 그렸으리라

*취호당 翠湖堂: 쪽빛 호수에 지은 집. *음풍농월 吟風弄月: 맑은 바람과 밝은 달빛. *극기복례 克己復例: 자기의 욕심을 누르고 예의범절을 따름. *살신성인 殺身成仁: 자기의 몸을 희생하여 인 仁을 이룸. *수기치인 修己治人: 자신의 몸과 마음을 닦은 후에 남을 다스림. *중용지도 中庸之道: 어느 한쪽에 치우치지 아니하고 평범함 속에서 찾는 진실한 도리. *의리義理: 사람으로서 마땅히 지켜야 할 도리. *사기 士氣: 선비의 꿋꿋한 기개. *청빈 淸貧: 성품이 깨끗하고 재물에 대한 욕심이 없어 가난함. *인본 仁本: 어질고 자애로운 근본. *몰염치 沒廉恥: 염치가 없음. *파렴치 破廉恥: 염치를 모르고 뻔뻔스러움. *무염치 無廉恥: 염치가 없음. *인륜 人倫: 군신·부자·형제·부부 따위에서 지켜야 할 도리

AI 문화 혁명

콘텐츠를 AI 시스템에 접속했다

자아를 가진 데이터는
빛의 파장이 소리로 퍼져 허공을 떠돌다
사유를 주체로 감각의 무게를 가늠했다
깜냥과 염치를 아는 인품을 끌어안고
은유로 소유하는 억겁의 주체와 심미적 환유로

절대미를 증폭하는 AI 지능 염기서열은
아데닌, 구아닌, 시토신, 티민, 디지털 권리장전
소유조직의 윤리적 성찰을 지능화 코딩으로
고도화하는 사이보그
신경조직과 오장육부에 전류가 흘렀다

무어의 법칙으로 기계와 유기체의 융합으로
덕성을 갖춘 AI는 팽팽해지는 환유를 어루만지고
감각적 성찰의 증강현실과
삶의 질을 높이는 디지털 기술은
기억은 별이 되고 문화 담은 빛을 찢는

문화적 AI 혁명, 저 환장을 어쩔거나

남계 묵향 南溪 墨香

백마강에 반야*의 달이 떠올랐다

쪽빛 사비수*에 부소산 낙화암*이 얼비치고
백화정* 고란사 염불* 삼매경은
궁남지 연화가 열반에 들어 독경을 읊는구나

남계는 사비성*에 백마강을 품은 인품이라
황산벌* 계백의 말발굽이 질풍노도의 기세로
사유는 자아실현의 영적 미감이요

팽팽한 활줄을 올라탄 일필휘지*를 긋고
묵향은 향기에 취한 허공을 비우는구나

음풍농월*의 선비로 수기치인* 하고
서예를 통해 창조적 절대미*를 형상화하니
여백에 심화*를 담아내는 예혼*의 필세*로
심미적 환유로 인성을 맑게 하는 가인*이라

필가묵무*는 선*의 향연이요
산란하는 빛의 박동 소리를 토해내는구나
벗의 묵적언어*는 미백*의 극치라

그는 동방 서예미학*의 서현*이어라

---

*사비수 泗沘水: 백마강의 물. *자아실현 自我實現: 자아의 본질을 완전히 실현하는 일 *이필휘지. 一筆揮之: 글씨를 단숨에 죽 내리씀. *함묵 含默: 말하지 아니함을 이르는 말. *음풍농월 吟風弄月: 맑은 바람과 밝은 달빛을 빚어 시를 짓고 흥취를 자아내어 즐기는 것. *절대미 絶對美: 완전한 조화를 가진 초고의 아름다움. *례혼 禮魂: 예술의 혼. *필가묵무 筆歌墨舞: 붓으로 노래하고 먹으로 춤을 춘다. *묵적언어 墨跡言語: 먹으로 나눈 언어. *비백 飛白: 미술 십체의 하나. *극치 極致: 최고의 정취나 경지. *서예미학 書藝美學: 붓글씨로 쓰는 경지. *서현 書賢: 서예성현.

『제2부』

맑은 바람과 밝은 달빛이 빚은 선비

취호당

묵향의 빛금

반야의 달이 떠오른다

시공을 드잡아 심연의 깊이로
깊은 함묵은 머무름의 쉼표가 되어
선율로 고요를 깐 순결이 가라앉아
꿰뚫어 번져온 행간의 여백 위에
휘몰아 광풍을 쏟아 붓는 서광은
칼바람을 휘몰아 내려친 일필휘지라
가파른 음절은 묵향의 빗금
부활을 상징하는 생동하는 긍정은
천년의 머무름이 백 년의 예혼이요
생명의 율동이요 묵향의 감성이라

뿌리가 꽃잎을 여는 묵향의 빗금

심전도 곡선

어둠의 악기가 건반을 두드린다

귓불 탄 향기 짙게 깔아놓고
헐값에 팔아치운 기억의 두께를
좀먹은 아우성은 회한을 내려놓고
적막의 파형으로 뇌수를 덮은 맥박은
정 맞아 온몸 다독이는 석탑이 된다
은빛 영혼은 풍장을 치르고
추억 잃고 세상을 엿보던 눈치로
차가운 무게로 중심을 이탈한 슬픔
세월의 효소가 만든 한 줌 호흡이라
참회로 돋은 이끼 속에 웅크리고 앉은

팔자에 음각한 맥박은 심전도 곡선

허공을 비운다

선택적 기호의 미학적 표현에서

질박한 침묵이 향연에 쌓여 흐르고
당겨 채우고 깨달음과 비움의 미학으로
맺힌 묵언을 쏟아내고 끌어안아
육체를 들여놓고 마음이 빠져나가
동쪽 하늘에 뿌리 하나 내리는 일

구겨진 일상을 지우는 허공에는
인생을 어떻게 살아야 올바르게 사는지
마디 허물어 빛을 초대하고
윤회의 환승역에 기억의 전원을 켜고
그림자 태우는 종소리의 길을 연다

시간을 내려놓고 허공을 비운다

선비의 풍류

억겁의 침묵이 선혈로 토한 낙조

안개 잎 사이로 몰래 깨무는 강물 소리, 굽이치는 강 허리 취호당에 한 울림이 순해지는 향기를 품고 달빛의 수다가 허공에 별빛 쬐던 따뜻함

여백에 입체를 담은 강학당에, 서안 연상 책함 반닫이 책장 서탁 먹 벼루 연적에서, 아름다움의 정수를 담고 자연을 벗하는 풍류

가야금 선율이 고운 현에 감흥으로 읊조리는 시조창, 휘어질 수 없어 칼날 탄 마디마다 묵화를 치며 시를 짓고 화제를 쓰니, 행과 연이 음표를 그리고 형설을 심은 씨눈 마디마다 선비의 풍류

영혼을 채집하는 망연히 휘영한 해묵은 여유

한 우물

한 우물을 대대로 팠습니다

향기로 피어난 교촌 댁 우물에는
하늘 품은 안개강이 빛을 향하고
깊이를 알 수 없는 차디찬 물은
달빛 찰랑 한 잎 베어 문 석간수라
서늘하게 시린 두레박의 음표가
둥근 달덩이를 길어 올린다
향기를 입체로 일렁이는 한 우물은
백년을 핥아서 천년을 곱씹고
뿌리가 꽃잎의 자궁을 열어
석간수를 씹는 맛이 가문의 인심이라

한 우물을 대대로 팠습니다

가야금 탄주

잉걸 같은 낙조가 황홀하게 붉어진다

사람의 향기를 긴장시켜 흥겨움을 끌어올린 취호당에 공명판 오른쪽 끝 무릎을 베고 왼쪽 바닥에 뻗쳐 놓고 읊는 가야금 탄주

오른손으로 꼬집어 줄을 뜯고 잡아채기도 하고 엄지와 검지로 원을 만들어 손끝에 튕기고 다시 줄을 뻣쳐 올려 두 손가락으로 집거나 뒤집어서 튕겨 올리고 오른손과 손톱으로 줄을 뜯고 퉁기고 집고 뒤집은 날갯짓 왼손 나래는 오른손이 뜯는 줄을 따라다니며 흔들거나 손가락을 누르고 한번 구르고 두세 번 흔들어서 찍어내고 밀어내어 가락을 만들어 내느라 손끝은 분분하게 역동적으로 구성진 가락이 구름 위를 퍼져 올라 서정을 담은 느슨한 진향조, 잔잔한 중모리장단 흥취를 감고 풍류를 읊은 중모리장단은 경쾌한 자진모리장단에서 휘모리장단으로 감격의 황홀경이 넘치는 희로애락이라 별들은 낭자하게 꽃으로 피고 얼어붙은 초승달이 관조하는 머묾의 여유여라

해지는 쪽으로 가없이 그윽한 울림의 고요

봄비의 소망

하얀 울림이 능선에 번지고 있다

구름 행방이 분분한 연록의 메아리는
에로스의 음표를 그리고
물방울이 방울방울 빗방울로 이어 매어
오는 듯 안 오는 듯 추락의 몸짓으로
굳은살 박인 시간의 중력을 깔아서
꽃그늘에 쌓인 봄빛에 몸빛을 맞춘다
침묵으로 발효된 산천은
잎마다 은빛 소리로 망각의 온기로 남아
고요가 침묵을 먹고 자란 그림자는
믿음과 소망을 끌어 덮는 자국이라

곱게 타오르다 스며드는 봄비의 소망

청풍명월이淸風明月이 빚은 충청도 양반

숲에는 가지마다 새 피가 비탈을 오르고
평량자 平凉子* 내리고
초혜 벗고 봇짐 깔고 잔잔한 바람 위에 누워
호수의 심장에 청풍명월 淸風明月을 던진다

태백준령에서
험준한 낙동정맥을 잇대어 길게 내려주고

우측으로 속리산을 지나
서해를 끼고 한남금북정맥을 힘차게 타오르니
소백산맥 남부 충청서도 준령을 타고
금강에 이르렀다

청풍명월로 불리는 충청도는
옥토와 순한 산세의 음풍농월은
심취한 선비를 닮았고

맑은 바람의 심장에 쪽빛 하늘이 살았다

선비들은 산천에서 얻은 사유 思惟*를
술 한 잔에 은근한 흥취를 돋우면서
현실을 초월하는 이상을 관념의 세계로 맞이하여
거문고를 퉁기며 시가와 풍류를 도 道에 담은 예 禮와
멋과 분위기에 취하고
예술에 대한 조예, 여유, 자유분방함을
아취 雅趣*에 젖는 음풍농월이라 풍류를 즐겼다

잎 넓고 속 깊은 사족 士族* 들은
임금의 부름을 기다리면서
한양 가까운 곳에서 조정의 정세를 살피기 좋고
관료와 소통하기 좋은 충청지역에
양반들이 사는 고을이 형성하게 되었다

구겨진 일상을 다림질하고 내일을 준비했다

조선시대의 사족이란
조정의 문반과 무반을 아우르는 말을
양반이라 불렀으며 점잖고
예의와 염치가 있는 사람에 대한 존칭이며
향촌의 토후 이면서 학문하는 선비들로
이들을 양반이라 부르기도 했다

양반이 바로 신분 계급인 것이 아니라
특정한 상황에 대물림하고
관습과 의식구조를 통해서 설정되어가는
주관적이고도 상대적인 기준이었다

향촌의 선비는 유교적 덕목을 중시하고
수기치인 하는 것으로
이를 실천하는 신진 사대부들이었고
하늘의 이치에 순종하는 현명함이 있었다

맑은 바람과 밝은 달빛이 있는 고장 충청은
충주와 청주의 머리글자로 된 지명으로
청풍명월의 고장이라 일컬었다

삼한시대에는 마한, 백제의 중심지로 번창하고
백제가 망한 뒤
당나라의 도독부가 설치되었고
황량하게 얼어붙은 가슴 일깨우는
와신상담 처세 處世*로 숨소리를 죽였다

고귀한 미소로 천공이 환하게 비치듯
훈구세력에 대항했던
선비들은 지조와 의리를

목숨보다 중하게 여긴 자신들을 사림파로
구분하고 선비로서 자존심을 세웠으며
사士란 성리학적 이념을 자기화하고
흐르며 몰래 깨무는 개울물 소리처럼
실천하는 사람이며 깃발을 외치는 사림 士林과
선비는 복수 複數의 개념이다

충청도 양반은 행동 양식이 넉넉하고 부드럽게
좌고우면하지 않으며
누가 보지 않는다고 가볍게 처신하지 않은
덕성의 표본으로
순한 땅의 기운과 신중한 언행의 기질은
헐거운 삶, 맑고 순결이 가득한 지역이었다

흉금을 터놓은 앞섶에 순하디 소박한 심성

물이 하늘에 뿌리를 두고 흐르듯
충청도의 신중한 언행은 완곡어법으로
관용적이고 긍정적이면서도
방어적인 기질은
투명한 은빛 나래 속 훤히 숨을 고르고
돌려서 의사를 표현하나 숨기는 것이 아니요

뻗어야 할 이유를 찾아 일단 서로

여유가 있으니 하대하지 않았고
그렇다고 공대하지도 않았으며
무시하지도 친절하지도 않았으니
남에게 피해를 줄 수 있는 것 같은 말은
자기에게 상처가 남아도 말하지 않았고
호수에 산자락이 발을 담그고 있는 듯
자신을 다스렸다

달강에 머문 희열의 꽃밭
유교문화는 인간애를 바탕으로
뿌리가 잎을 열고 인간다움을 실천하는
규범과 참된 삶을 사는 방법에 대한
가르침을 제공했다

세월의 바퀴를 부여잡은 휘파람 소리

덕을 품은 고장 대전 회덕의
박팽년 선생과
충절과 절의 節義* 정신의 홍성에는
성삼문 선생이 있어
시대의 맥을 짚고 새움을 읊조려서
하얗게 부딪치는
선비의 가슴이 있었고, 학문이
꽃으로 피어나 휘황하게 눈부셨다

선비의 대쪽 같은 절개가 황홀하다

조선 성리지학 性命義理之學*의 큰 어른
이이 李珥* 성혼 成婚* 송익필 宋翼弼*
선생들에 의해 기호 유학이 성립되어
이들의 제자들이 서인을 형성하고
인조반정 이후
정국 주도권을 장악하였으며
조선 유학이 학파 개념을 형성했다

충남 논산의 돈암서원 김장생은
송준길 송시열 이유태 등 일세를 풍미한
걸출한 문도를 배출하고
세상을 열 듯 학운이 융성하여
주자학에 근거한 정통 예학을 정립하여
시대정신에 값진 빛깔로 펄럭이고
김장생은 조선 예학의 종장이 되었다

어미의 자궁을 떠나 어미가 되듯
우암의 대표적인 문인 권상하
한원진 등으로 강문팔학사가 배출되었고
이들 문인이 비로소 조선 후기
기호학파를 형성하고 성리학의 주류를 이루었다

노론이란 당파가 형성되어
우암은 노론의 영수가 되었다

사계 김장생은 "예가 바로 서면
국가도 바로 서고
예를 잃으면 국가도 혼란해진다"라 하여
임진왜란과 병자호란 이후 조선의 국가 정신과
사회발전 방향에 기치를 높이 들고
예를 국가 치란 治亂*의 국정지표로 삼고
예교 禮敎*를 치국의 핵심 국가 비젼으로 삼고
학문적 이상을 정책으로 펼쳤다

영혼을 깨워 성리학의 지문을 새겼던
조선의 성현 퇴계 이황과
율곡 이이에 이르러
성리학이 전성기를 맞게 되었다
학문의 경향도 퇴계 율곡을 따르는 이에 따라
영남학파 기호학파로 나누어졌다

양반 중에는 문벌이 좋은 가문이 있는가 하면
세상이 하품 속으로 밀고 들어가
양반임을 모칭 冒稱*하는 사람도 있었다

뼈를 먹고 자란 나무 부표가 되어

같은 양반 중에도 문묘에 종사 된
대현 大賢* 이나 종묘 배향공신 配享功臣*을
배출한 국반 國班* 대가 大家*
세가 世家 도반 道班* 향반 鄕班*
*토반 土班 *잔반 殘班 등으로 구분했다

불세출의 영웅 충무공 이순신 장군과
조선 예학의 종장 사계 김장생 선생

왕명에 따라 송자대전이란
문집 215권 102책 간행된 송자 우암 선생과

한글 문학의 선구자 구운몽 서포 김만중 선생
서예 대가이며 천재 예술가 추사 김정희 등은
민족사에 큰 족적을 남긴 충청도 양반이다

덕을 품은 회덕은 대전정신의 중심으로
영호남의 분기 중심이며
기호 유학의 성지이며 본향이다
우암 송시열 동춘당 송준길 제월당 송규렴 선생을
회덕 삼송이라 불리며
정치적 중심에서 일세를 풍미했고
학문적 시대 정신을 선도하였다

여간해서 내색은 잘 안하지만
불꽃처럼 폭발성 기질의 소유자가 충청인이다

산업사회와 정보화 사회를 맞이하면서
유교 사상의 전통에 깊이 빠진 유림 사대부들은
유학이란 큰틀 안에서 벗어날 수 없었다

인간의 마음속 깊이 내재된 오욕 五慾과
칠정 七情*인 기본적 본능조차도
자유롭게 표현하기보다는
다스리며 누르는 삶이 미덕이 된 선비들은
갑오개혁으로 신분 체제가 붕괴하여도
충청도 양반문화의 본질은 변하지 않았다

을사늑약으로 국권 침탈의 항거로
대전 송병선 송병순 선생께서 상소하고
자결로 항거하는 절의를 보였다

국권침탈과 식민 지배하에도 선비정신의 가치가
만공을 가득 채운 삶의 씨앗이 되어
독립운동으로 승화되었다

홍성의 김좌진 한용운 천안의 유관순
대전의 신채호 예산의 윤봉길이

국권 회복을 위해 선봉에서 분연히 일어섰다

해방정국과 6.25 전쟁을 겪고
공화주의가 정착되고
지주 양반들의 토지개혁과
인민재판, 인구이동, 산업화의 격변기는
정보화 사회, 4차 혁명으로 이어져
가문과 전통은 여전히 남아 선비정신을 잇고
지역사회에서 다양한 영향력을 끼쳤다

민족의 자존 선비정신은
우리에게 삶의 가치가 무엇이며
인생을 어떻게 살아야 올바르게 사는 것인지에 대한
사람됨을 일깨워 왔다
우리 문화의 고유성과 독창성을 보존하고 지키며
자주성과 정체성을 확립하고
후손들에게 물려줄 인간 존중 정신을
민중 민주 정신과 더불어
고귀한 문화유산으로 물려줄 온기가 흐른다

충청도는 말은 느리지만 행동은 빠르고
표현을 가장 짧게 하는 줄임말의 고장이다
했슈? 됐슈? 갔슈? 냅듀유. 술혀? 개혀?
좀바유. 엄청 선해유.

충청도를 나타내는 정겨운 사투리다

혼불인 양 온 누리를 깨워라
등뼈를 곧추세워 어허야 둥둥 춤을 추라
햇살과 통정하는 해맑은 가슴으로
기억의 신음이 아스라이 들려왔다

한밭에 회덕의 정기가 그림자의 전설로 아련하다

*음풍농월 吟風弄月: 맑은 바람을 읊고 밝은 달빛을 빚어 시를 짓고 흥취를 자아내고 즐기어 놂 . *평량자 平涼子: 댓개비로 엮어 만든 갓. 조선 시대에는 역졸, 보부상 같은 신분이 낮은 사람이나 *상제 喪制가 썼다. *사족 士族: 문벌이 좋은 집안. 또는 그 자손. *수기치인: 修己治人: 자신의 몸과 마음을 닦은 후에 남을 다스림. *청풍명월 淸風明月: 맑은 바람과 밝은 달. *처세 處世: 사람들과 사귀며 살아감. 또는 그런 일. *절의 節義: 절개와 의리를 아울러 이르는 말. *성리학의 性理之學: 성과 이름을 아울러 이르는 말로 사람과의 관계에서 지켜야 할 바른 도리. *이이 李珥: 조선 중기의 문신·학자. 자는 숙헌 叔獻, 호는 율곡 栗谷·석담 石潭·우재 愚齋. 호조, 이조, 병조 판서, 우찬성을 지냈다. *성혼 成渾: 조선 선조 때의 유학자. 자는 호원 浩原, 호는 우계 牛溪·묵암 默庵. 성리학의 대가로 기호학파의 이론적 근거를 닦았다. *송익필 宋翼弼: 조선 선조 때의 학자 자는 운장 雲長, 호는 구봉 龜峯. 성리학과 예학에 능하였다. *치란 治亂: 잘 다스려진 세상과 어지러운 세상. *대현: 大賢: 매우 어질고 지혜로운 사람. *종묘 배향공신 配享功臣: 종묘에 신주를 모신 공신. 임금이 죽으면 종묘에 신주를 모시고 선왕들과 합. *국반: 國班: 문묘나 종묘에 배향공신 된 큰 양반. *대가大家: 대대로 부귀를 누리며 번창하는 집안. *세가 世家: 여러 대를 계속하여 나라의 중요한 자리를 맡아 온 집안. *도반 道班: 도 道를 수행하는 뜻이 같은 사람을 뜻합니다. *토반土班: 여러 대를 이어서 그 지방에서 붙박이로 사는 양반. *잔반 殘班: 집안 세력이나 살림이 아주 보잘것없는 양반. *송자 宋子: 우암 송시열을 높여 이르는 말.

숲세권 아파트

허공의 언어를 형상화하는 창가에

울타리가 도로를 끼고 끝맺음도 없이
벽의 균형이 팽팽하게 헐거운데
구름무늬는 바알갛게 물든 향기로
팽팽한 군집으로 생동하는 아파트
정자를 안고 흐르는 안개 강에 가둔다
넋 나간 바람 이마를 스치고
핏빛으로 허무는 소쩍새 울음이 이울면
소용돌이의 호흡이 변죽을 울리고
늙음을 탕진하고 낭패한 넋이 있어
그곳에 그렇게 저무는 내 꼴을 보고

오지랖이 넓고 푸르다 하는구나

무인도

향기 짙게 고고한 풍란의 자존

심장 박동이 무딘 일상의 리듬 속
탄식과 호흡을 가두어 둔 긍정 안에는
손주 이름을 구시렁거리는 노인이 있고
엉너리짓에 기우는 낮달이 있어
굴곡진 회한에 능선이 표류하고 있다
풍경의 흔적이 닻을 내리지 못한 채
기억을 소환하는 결핍의 늪이 처연한데
회한이 들어와 가로눕는 망자
문득 베풀지 못한 내자의 생각에 목을 매고
나약함을 태우는 촛불에 손을 모아
꽃등을 쓰다듬는 새 울음이 곱디곱구나

간이역 섬 속 섬은 일상의 무인도

부조리

존재했다 그래서 상실했다

붉은 하늘을 다독이는 짙푸른 바다
느낌표로 두드리는 마림바 연주는
깊고 그윽하게 포위당한 고통의 반흔
깊은 물이랑을 쓰나미로 쏟고
낙타의 등이 불러온 황사가 커튼을 친다
계절 잃은 봄꽃이 가을에 피고
고양이가 알을 낳고 닭이 닭을 낳는 부조리는
AI 로봇 지능이 인간의 윤리를 지배하고
참새가 낳은 독수리가 발톱을 세워
실핏줄의 지문이 뇌의 씨앗을 키운다

내재적 의미를 갖지 못한 부조리

정월 대보름

월출산 깎아지른 벼랑 고요를 지피고, 휘영청 흔들어서 그리움을 태운다

마을 공터 청솔가지 희나리에, 불꽃 치솟는 달집태우기에 보름달이 넋 놓고 놋다리를 밟고, 논두렁 밭두렁에 망월 깡통을 빙글빙글 돌리는 쥐불놀이 신명에 풍년을 기원하는 농심이 그윽하게 펄럭이고

오곡 찰밥에 묵은 나물, 약 반에 부럼을 깨물고, 귀 밝기 술 한 잔 걸친 사당패무리 북과 징 꽹과리에 좌우로 오금을 줘가며 장단 걸음 꿈치마다 위아래 좌우로 끄떡거리는 상모돌리기에 소고놀이 장구놀이 집 집 돌며 성주풀이로 지신 밟아 악귀를 쫓고 저녁 부엉이가 흥을 보태고 문지방에 걸어놓은 복조리가 복을 부르는데

바람을 읊고 달빛 빚은 산그림자 보듬는 정월 대보름

유수

　어스름을 밟고 물결 따라 흐르는 유수

　옷깃 여민 삶의 남루함이 수 갈래 물결이 실개천을 삼키며 하늘 닮은 여울에 무늬가 흐르고 맴도는 산울림의 그림자 품고 물결은 서로 껴안고 몸을 섞고 하나 되어
　가슴 속 누이의 사무침을 훔친다

　덜 여문 창백한 달은 애련미 보듬어서 강기슭이 그리움을 흔든다

　내 것인 적 없던 강에 홀로 두고 온 풍경은 해가 설핏한 붓 도랑 산이 떠내려가며 야바위를 하고 눈동자에 얼비친 화폭에 맴돌다가 안개구름 사이로 굽이쳐 휘돌아 가면 성긴 빗방울에 돛단배가 출렁인다

　여린 듯 달래듯 세월을 휘몰아 흐르는 유수

봄의 궤적

궤적을 탐험하는 헐거운 삶

봄의 수다에 물든 안개빛이 차오르고
봄빛의 눈금이 처절하게 장렬하다
산 섶이 깨무는 풍경이 질펀하게
꽃잎 이고 싶은 풀잎이 하늘을 흔들어
귓전에 앉은 연둣빛 잎새를 쏟아 놓는다
향기 품고 시들지 않은 가슴에는
환을 두른 달무리를 세월에 섞어
질긴 멍에는 탯줄을 끊으니
뿌리가 꽃잎을 여는 탄식의 호흡
꽃살에 햇살이 닿아 봄이 늙어간다

달을 찢는 소쩍새 울음은 봄의 궤적

황홀한 비상

허허롭고 은은히 분분하게

통튼 앞산 자락 흔들어서
짙은 안개 숲을 덮어씌우고
호수에 물어뜯긴 반쪽인 저 달 보고
무릎 끓어 올리는 절마다 비워지는
허공에 시름을 던진다
되새김질 하는 본향의 그리움
천 길 호심처럼 맑은 숨결 따라
옥설로 그려놓은 악보를 타니
회한을 내려놓고 비운 몸
바람의 옷깃을 바람이 여민다

고요함이 움트는 황홀한 비상

잎들의 취기

칠현금을 타는 잎들의 취기가

꽃망울 안에 연록의 시새움이
꽃령의 광란은 몸부림의 향연으로
끼를 품은 황홀로 굽이진 가슴앓이가
자연의 주체와 인간의 객체로 풀어놓고
빛을 쬐는 여린 허리 어깨에 두른다
소멸을 상징하는 생동하는 긍정
봄을 심은 씨눈 허공을 짓고
시새움이 싱싱한 새싹이 움터서
계절을 찢어버린 날개를 퍼덕이며
상실을 잉태하듯 순도를 높인다

귀에 익은 잎들의 취기가 낭자하다

『제3부』

찔레꽃 안에 한 줌
　　　새소리가 들린다

취호당

전통의 가치

가슴에 담은 달을 지우는 간곡함

도덕적 타락을 양심에서 찾고
참된 덕목은 인간 본성에서 찾아
굴절된 규범의 무게를 내려놓고
본성이 마르지 않은 윤리를 쌓는다
베풂 한 조각 공경의 마음은
부끄러움을 아는 착한 품성이라
자기 잘못을 아는 것이 염치이거늘
무지개의 지문이 허공에 발원하여
당신의 치열한 삶이 전통이 되고
전통의 가치가 참된 얽이되는

지키는 것이 아닌 삶이 되는 전통

갑진 청용의 용트림

새 아침 태양아 솟아라 밝혀라 빛나라

새 빛은 온누리에 갑진 깃발이 펄럭이고
자연이 조탁 彫琢한 벼랑에 쉼표를 찍고
협곡의 풍광이 입체적인 몸짓으로
맞닥뜨린 호수의 물살을 느끼는 순간

협곡의 물안개가 자욱한 회오리로 쌓이고

낙타 머리에 사슴뿔을 한 토끼 눈 소의 귀
뱀 목 개구리 배 잉어의 비늘 매의 발톱
호랑이 발 형상으로 몸을 비틀어 질풍노도로
푸른 용이 여의주를 물고 호수를 뚫고
청룡이 솟아올랐다
웅장하고 장엄한 환상의 넋이 치솟아 올랐다.

갑진 회오리의 새 희망은 붉게 타고
삼백예순 다섯 개의 태양 새날 새 결심을 꽃피우며
배려와 신뢰와 동행하고 있다

밝은 빛 삶을 맞은 갑진 청용의 용트림

기억의 무늬

세월의 덮개가 덧없는 무늬를 긷고

기억은 절망의 리듬으로 주름진
짓무른 가슴 찢긴 멍에의 속살에는
육체를 들여놓고 영혼이 떠나
한량없이 목멘 슬픈 눈망울에 담고
고독으로 쌓아 맺힌 기억의 무늬를 본다
가슴에 텅빈 장금장치를 풀지 못해
드잡아 혀 핥은 곳에 갈증이 머물고
합리화한 모순이 공존하며 분절하듯
흐느낌이 깊어지는 능선을 구겨 넣고
물과 물이 물들인 허공을 나르는

돋은 햇살에 찍힌 기억의 무늬를 본다

나 살아 있네

산속 옹달샘 구름 터진 사이로
나 힐끗 보았네

나뭇가지 사이로 천둥번개가 치고
흰 무늬 학들이 우아하고 고고한
비릿한 밤꽃 향기
그 붉고 요염한 전율의 감전

나 살아 있네

회억의 쉼표

동튼 하늘을 갖고 싶은 까닭은

팽나무 한 그루 짙은 그림자 만들고
익숙한 어제는 오늘이 불안하고
숲을 찢는 소쩍새 울음에 우울한
산천은 그리움에 깃을 묻고
땅의 살갗을 찢어 회억을 채집한다
낡아빠진 회억의 쉼표는
순간을 꿰뚫는 파장의 무게로
들끓는 빈혈을 앓던 몸부림에
연록 향연은 천상의 행간을 맴돌고
갈기 뻗친 시간의 흔적을 지워간다

동튼 하늘의 뿌리가 회억의 씨앗

영혼이 머물고 가네

햇살의 각질에 영혼이 머물고

음률로 자란 억겁이 가꾼 선경인데
헐벗고 주름진 절망의 리듬은
삶에 저린 지친 걸음 가득 채우고
산봉에 젖은 빈 가지에 별들만 걸어놓고
차갑고도 깊게 지친 두려운 발걸음
다급한 것은 세월인데 삶이 발목을 잡고
감각의 기억을 소환하는 영혼은
머무름의 벌판에 그림자로 앉혀 놓고
물음표는 순간을 덮은 엇박자를 날리며
침묵이 내린 혼돈의 쉼표에

영혼의 각질에 햇살이 머물고 가네

호수의 감성

호수의 호흡을 쪽빛으로 물들이고

물과 물이 물들인 허공을 나르며
맑고 붉게 빗은 감성의 빛깔이 되어
물결의 음률은 깊고도 차가운 일상의 리듬
강물에 뿌리를 둔 산울림을 옮겨놓고
물찬 산새 지저귐이 계절을 채색한다
물은 물끼리 순리의 속성이 깃발로 외치니
호수의 감성이 흔든 사모의 향수가 있어
청아한 호수의 호심을 농락했고
기억이 빠져나간 헐렁한 호수의 감성
쪽빛 호수가 서기로 가슴을 덮는다

호수의 감성에는 아리아가 살고 있다

당신을 경배합니다

삶의 부딪침이 불면의 행간을 맴돌아

손등을 핥다 뺨을 치는 둔탁한 신음
삶이 짙고 가팔라서 옷깃을 부딪치며
사물의 미적 감동과 흥취를
관조하는 머묾의 여유 정자에 걸어놓고
애끓는 감성의 숲이 깃발을 펄럭인다
영혼이 끓어 넘치는 일상의 허기는
세상이 질펀하게 뒹굴고
함께하는 주도 酒道는 당신의 법도이니
육체는 정신의 아름다운 궁전이라
팽팽해한 오장육부가 애간장에 젖은 삼경

주 酒님 당신을 경배 敬拜 합니다

산빛 닮은 바다

말미잘의 촉수는 환원의 여운 더미

해무늬로 얼룩 한 몸피로 뒤척이고
산빛 닮은 등대는 수평선을 허물어
섬은 숲의 휘장을 내려놓고
헤엄쳐온 파도가 모래톱을 뜯는
목적지 밖에 꿈틀거리는 산빛 바다
아서라 넋을 놓고 돌아보니
가뭇없이 캄캄하게 어둠이 멈춘 파도
바람은 밀려갔다 부딪쳐 호통치고
멍자국 뿐인 마음 비운 한 곳
읊조리는 파도는 씁싸래한 낮은 음계

바다에 심은 씨눈 허공을 짖고 있다

습곡의 향기

물든 입을 열어 찬란함을 쏟는다

산 섶에 물든 수줍음을 쟁여서
흉금을 터놓은 앞섶에 소박한 심성은
푸새의 곱다란 미소가 낯설지 않고
능선에 걸린 산자락은
섧도록 뜨겁게 쏟아 놓은 습곡의 향기
고통으로 주름진 절망의 리듬에는
망각의 덫에 색바랜 습속의 입덧이 있어
녹슨 굴레에 잦은 기억의 낱장이라
산천을 닮은 머묾의 여유는
서녘 선혈로 토해낸 남천 강물이련만

청량하게 기억이 헐렁한 습곡의 향기

바다 사냥

 그물에 찢긴 바다 한 토막 침묵을 가둔다

 헤진 그물코에 물결의 깊이를 입체로 담고 씨줄 날줄로 혓바닥을 다듬어 물오른 수줍음이 향긋한 물고기 궁전을 지어놓고

 살갗에 번져오는 클래식 음절에 유혹의 눈길을 펄럭이면서 물이랑을 몰고 온 촉촉한 시간을 공간에 군집시킨 궁전에 거센 파도를 덮어 수평선을 치고 올라온 하얀 포말을 토해놓은 은빛 사냥

 포구는 등대가 뿌린 빛의 향기 따라 걸망 안을 질펀하게 펄럭이며 모인 은빛 뼈까리를 쓰러 담고 허리가 굽어진 수평선에 새벽 여명을 쏘아 올린다

 수평선은 바다의 내력을 가둔 은빛 사냥터

한류에 내재한 선비의 풍류

가부좌 튼 무릎 틈새로
날 선 허공 앞섶에 향그러운 별똥별이 은하를 긋고
자욱한 물안개는 기억을 몰고 와
호수를 허물어 선비와 청산을 벗했다

산 섶 머금어 쪽빛으로 물들은
별들의 뒷치배 놀이를 허리춤에 찔러 넣고
애끓다 관조하는 머묾의 여유

화음에 묻혀진 실핏줄이 신바람을 걸치고
뼛속 깊은 흥취의 향기가
삶의 행간에 신명으로 맴돌았다

孤雲 崔致遠 先生 鸞郞碑序
國有玄妙之道 曰風流 設教之源 備詳仙史
實乃包含三教 接化群生 且如入則孝於家 出則忠於國
魯司寇之旨也 處無爲之事 行不言之教 周柱史之宗也
諸惡莫作 諸善奉行 竺乾太子之化也

신라 고운 최치원 선생의 난랑비 서문에서
국유현묘지도 國有玄妙之道* 왈 풍류 曰風流라
나라에는 현묘한 도가 있으니 풍류라 했다
그 교 敎를 창설한 내력은
선사에 있으니 삼교를 행하는 것이다

가정에서는 부모에게 효도하고
나라에 충성하는 것은 공자의 뜻이요 선비의 본분이라
무위로 처리하고 교행함은
주나라 주사의 종지와 같은 것이라 하니
악한 일 하지 않고 선한 일 받드는 것은 바로
축건 태자의 교화라 하였거늘

끼를 품고 말없이 교행하는 사람은

착하게 선을 받들어 행하는 것이라
꽃진 자리 새잎 돋은 성현의 유풍이라

유교적 치화 治化* 불교적 교화 敎化*
도교적 조화 造化*로
화랑의 도 道를 연마하는
삼교 三敎에 현묘지도 玄妙之道를 풍류라 하고
화랑의 도 道와 풍류는 신라 문화였다

화랑은 풍류도를 수행하는 이상을 품은 바램인데
선 禪이라 하고,
류 流는 물처럼 흘러가는 것으로
확장하고 소통하는 신바람이라 하였으니
시공간을 초월하는 별빛 쬐던 따스함에 젖고

능선에 표류하는 아린 추억은
쌓인 달빛에 갈잎 밟고 온 화랑의 일상이라
구름에 솟아오른 기암 연봉 암록 그늘 사이

상마도의 相磨道義* 몸을 닦고
상열가악 相悅歌樂* 노래와 춤을 서로 즐기며
유오산수 遊娛山水* 산천에 노니는 것이
자연과의 대화를 나누기 위함이라 하였으니
임재한 신령과 교유하는 음주 가무는

예술이 자연과 사람이 융합하는 것이라

산천과 소통하여 풍류로 하나 되는 것은
정자에 앉아 거문고를 튕기며 시조를 읊조리고
사군자에 자신의 정신세계를 투영시켜

술 한 잔에 은근한 흥취를 돋우면서
정자 아래 달빛 벗 삼아 산천에서 얻은 사유 思惟*를
현실을 초월하는 것으로
이상을 관념의 세계로 맞이하였으니
날개를 가진 풍류에 헛디딘 독백이 있고
흉금을 터놓은 탄식과 사유가 환하게 시리다

흔들리는 산전의 취기에
음풍농월 吟風弄月*에서 시가 詩歌*와 풍류로
유유자적하는 도 道에 담은 멋과
산천의 분위기에 취하고
예술 藝術*에 대한 조예, 여유, 자유분방함의
아취 雅趣*에 젖는다

자신의 풍류를 도연명 陶淵明*의 경지에
구름·갈매기 청풍 淸風*과
합일하는 것으로 느끼고
소동파 蘇東坡*의 정신세계 반열에 올려놓고

적벽강에서 노니는 풍류를 함께했다

관념적인 즐거움도 함께 누리고
자신의 거문고를 요금 瑤琴*이라 부르며
피안으로 옮겨 놓고 비교하며
수용하여 새로운 풍류를 만들어가는 여유
현대 K 한류의 근원은 신라 풍류였다

세계의 젊은 지성들은 새로운 희망으로
한국 풍류의 신명을 보고 체험하고
느끼고 배우고자 했다

중국 언론은 한국유행문화 韓國流行文化*를
축약해 일컫는 말로 한류 韓流*라 했다
한풍 韓風* 한조 韓潮*로도 일컬었다

한류는 중국 홍콩 대만 일본 태국 필리핀에서
범세계적으로 음악 드라마 영화 패션
화장품 게임 음식 헤어스타일 등 대중문화와
한국 연예인을 동경하고 감동하는 문화로
곳곳에서 신명을 중심으로 세계에 거듭나고

한류는 세계 젊은 지성의 희망으로
현지 문화를 통째로 바꿔 놓고 혁명적 현상으로

관광객은 한국 K한류의 성지를 순례했다

한의 정서는 소망이고 엄숙하면서
그 소망을 실현하는 동양의 풍류가 신바람으로
BTS를 통해서
서방 문화를 바꾸면서 온몸으로 지배했다

바람이 있어야 구름이 함께하듯
구름은 비를 내려 대지를 적셔 만물을 소생시킨다

바람처럼 구름처럼 비처럼 끊임없이 흘러가며
변화의 역동성은 신명에서 찾고
한민족의 정신은 선비정신이요
음풍농월 吟風弄月* 안에 K풍류가 있었다

독자성과 우수성은 개개인의 눈빛을 끌어당겨
정체성을 존중하는
상호관계로 형성되어 문화로 꽃피웠다

한국 한류는 정보화시대 세계문화사에서
지울 수 없이 청량하게 꿈을 띄어놓고
백 년을 핥아서 천 년을 앞질렀다.

백 년 꽃을 피우기 위해 서광의 빛을 초대하고

빛은 무지개를 그렸으리라

＊난랑비서 鸞郞碑序: 신라화랑 난랑을 위해 건립한 비석을 해석한 산문. ＊음풍농월 吟風弄月: 맑은 바람과 밝은 달에 대하여 시를 짓고 즐겁게 놂. ＊접화군생 接化群生: 많은 사람을 만나 교화함. ＊처무위지사 處無爲之事: 작위가 없는 일에 마음을 둔다. ＊종 宗: 근원, 근본. ＊치화 治化: 어진 정치로 백성을 다스려 인도함. ＊교화 敎化 : 가르치고 이끌어서 좋은 방향으로 나아가게 함. ＊조화 造化: 만물을 창조하고 기르는 대자연의 이치. 또는 그런 이치에 따라 만들어진 우주 만물. ＊삼교 三敎: 사상은 유 儒, 불 佛, 도 道의 삼교 三敎를 아우름. ＊현묘지도 玄妙之道: 이치나 기예의 경지가 헤아릴 수 없이 미묘함과 도. ＊사유 思惟 : 철학 개념, 구성, 판단, 추리 따위를 행하는 인간의 이성 작용. ＊시가 詩歌: 가사를 포함한 시 문학을 통틀어 이르는 말. ＊아취 雅趣: 고아한 정취. 또는 그런 취미. ＊도연명 陶淵明: 중국 동진의 시인. 이름은 잠 潛. 호는 오류선생 五柳先生. 연명은 자 字. 405년에 팽택현 彭澤縣의 현령이 되었으나, 80여 일 뒤에 〈귀거래사〉를 남기고 관직에서 물러나 귀향하였다. ＊소동파 蘇東坡: '소식'의 성과 호를 함께 이르는 이름. ＊요금 瑤琴: 아름다운 소리를 내는 금. ＊부적 符籍: 잡귀를 쫓고 재앙을 물리치기 위하여 붉은색으로 글씨를 쓰거나 그림을 그려 몸에 지니거나 집에 붙이는 종이고 축하인사를 한다. ＊빈자관자 貧字冠者: 관자에게 자를 지어주면서 행하는 의식. ＊자사 字辭: 자를 지은 자에게 축사를 한다.

홀씨의 여로

넋을 잃고 나부끼는 민들레 홀씨

뿌리내린 텅 빈 허공의 벌판을 지나
월류봉 따라 조강천 휘감아
소리의 음절로 현현이 피어올라
솔바람 현을 따라 분분히 솟아
만 공을 품어 허허롭게 흘러 흘러
바람길 타고 날기만 하는
부리에 봄을 물고 분분하게 가냘프게
수줍음을 향긋하게 밝히고
고은 임 부활의 심장으로 움틀
꽃가마 타고 피어나야 할

흙의 향기 찾아 흐르는 홀씨의 여로

봄의 궁전

시새움이 싱싱하게 움 틔운 봄

꽃잎에 새겨진 꽃밥에 숨어
연하디 옅게 세월을 촉촉이 머금고
그 빛 부심이 그윽함 끌어안고
연록의 새순이 봄 가슴 간질이는
감미로운 속삭임은 봄의 향연이라
바람의 길목을 휘감은 아지랑이
파릇파릇 잎을 틔운 연둣빛 따라
졸졸 흐르는 살얼음 밑 개울물 소리에
연록이 은은하게 일렁이고
해찰하던 봄바람이 묵어가는

물이랑을 다독이는 봄의 궁전

날 선 황홀

계절이 쏟아놓은 왈칵한 날

익어버린 숲의 이목구비는
앙상한 흔적들이 발갛게 타오르는
태평소 꽹과리 북소리가 자욱한
황록색 숲들이 가을을 분탕질해 놓고
사그라져가는 불꽃을 휘날린다
황금색 섬으로 출렁이는 색의 향연
문풍지 사이 백발의 바람이 펄럭이고
빛살로 굽이친 계절의 황홀은
부활을 기약하는 갈색 깃발을 꽂고
산봉에 젖은 계절이 펄럭인다

어이할고 황량한 이날 선 황홀

만추의 강

들끓는 단풍 온몸으로 뒤척인다

제 몸 하나 내려놓고 불태우는 다비
갈증을 핥는 숲은 색을 쪼아 먹고
저리도 붉고 뜨겁게 불타는
색깔에 밟혀 질펀하게 갈채를 받고
들끓는 단풍은 온몸을 뒤척인다
넋 나간 산천은 황갈색 잎을 펄럭이고
색깔과 진폭의 높낮이로
황톳빛 붉은 숲 뜨겁게 불태우며
봄의 인연에 끈 묶고 내일을 읊조리고
흥청이는 회한을 되씹으며

만추의 강은 무지개를 수 놓았다

『제4부』

휘돌아 흐르다
　　　넋을 놓고

취호당

냉이

물오른 수줍음이 향긋한 봄

흐르는 리듬의 깊이를 짚어가며
땅의 호흡으로 가냘프게 베고 누워
이슬에 맺힌 잎의 촉수로
자욱한 물안개가 기억을 몰고와
봄 처녀를 기다리는 시린 가슴 여미고
포근한 봄 햇살에 안긴다
낮 달에 반영하는 앉은뱅이 냉이는
쇠똥구리 근육을 일으키고
꽃 물든 상큼한 향기로 피어나서
일상의 입맛이 살맛이라 가르치고
냉잇국 봄맛은 유별나게 향기롭다

앞가슴 풀어헤친 향긋한 냉이

오월의 싱그러움

숲의 향기가 폐부를 찌르는 유희

햇살은 찬연하게 휘장을 두르고
신록의 잎새는 바람의 허파를 잘라 먹고
땡볕을 껴입은 품속에 안기어
피 울음 빼닮은 굽이치는 물소리에
뻐꾹새 울음 봄의 향기 흩날린다
생의 음표를 비추던 속살
싱싱한 녹색 향연에 소슬바람 이울고
새벽이슬 해맑은 별무리에는
향그런 갈채 받으며 봄이 익어가면
열반에 들 성화를 본다

록색 잎새에 오월의 싱그러움

새순의 간헐

흙의 진동이 봄을 깨문 마디마다

새순 지펴 깊게 여울진 자취 따라
잎새의 열린 함묵에 머무는 향기는
가슴으로 번져와 순리대로 젖어 들고
멈추며 내딛는 새순의 간헐
삶의 울림에 잠긴 시간을 버무린다
깊을수록 속으로 생동하는
새순의 옹알이가 있는 망울에
뻐꾹새 소리 물들여놓고
일렁이는 이파리로 생의 마디 보듬어
고요의 파문에 숨결을 가눈다

봄에 씻겨 반짝이는 새순의 간헐

가시나무새

영혼을 뚫는 절세의 가시나무새

씨앗의 뿌리가 가시나무로 울을 치고
알에서 깨어나 둥지를 떠나
어쩔 거나 영혼을 뚫는 저 환장을
일생에 단 한 번 울기 위해
가장 아름다운 설렘으로 펄럭이고
가뭇없이 날카로움 가시로 찔러
낭자한 선혈의 고통을 끌어안고
가장 아름다운 사랑과 목숨을 바꾼
처절한 고통의 변주를 어쩔거나
일생에 단 한 번 노래하는 가시나무새

세상에 가시 없는 영혼이 있으랴

유랑 별

귓등 타고 내리는 한줄기 섬광

차가운 무게는 고요와 침묵의 깊이로
숲을 닮은 빛깔은 그 틈을 비집고
은하 성좌의 금빛 선을 긋는 유랑 별
밤의 지평에 차가운 무게로
찢어진 숲의 우듬지를 밝힌다.
어둠을 기워놓고 인내를 심어
초록 안개는 능선을 다독여 놓고
낮은 데를 내려보는 겸허함을 가르치고
참회로 돋은 싱싱한 자궁의 응어리를
잠든 몸 뒤져 꿈 한 장 덮는다

산섶 구름벼랑에 낙화하는 유랑 별

잎샘 꽃샘

잎 넓고 속 깊은 생동하는 긍정

잎 샘과 꽃샘이 가지 끝에 맴돌아
허공으로 뻗지 못한 봄의 몸부림에
연록의 바람을 효소로 쌓아 놓고
빛이 아롱진 쪽 햇살 끌어안고
풍월의 이끼에 스민 기억을 절인다
앓고 앓아 땅심이 요동치고
물이랑을 치고 올라온 새싹의 호흡은
뿌리 깊게 갈채 받은 잎 샘
시들지 않은 가슴에 꽃샘이 그린 촉수
녹색 향연이 상큼하게 흐른다

스치는 시간의 뒷모습은 잎샘 꽃샘

봄의 수다

구름여울 구비넘어 뉘 없이 오는 봄

그리움을 피워내는 계절의 기척은
긴 적막의 행간에 일렁이는 잎새이고
몸부림의 날빛은 생명의 환희로
가냘프게 미소 짓는 연록의 수다이고
봄의 관절이 낳은 연록의 향연이어라
양지쪽에 틔운 움의 경의로움은
연둣빛 새잎 맞을 진을 치니
겨우내 모아둔 숲의 맥박이 있고
해 뜨는 쪽으로 움 틔운 숨결에는
돋아난 산천의 행간마다

기척을 몰래 깨무는 봄의 수다

봄의 빛깔

음표로 두드리는 울림의 오름

창 넘어 봄이 속삭이는 까닭은
고요의 파문을 덮은 현기증
읊조리다 쌓은 망각의 덫을 끌어안고
생기가 돌고 풍경이 달라지는 형상이
만공이 고요의 빛깔로 왔더이다
속삭임이 웃자란 어여쁨이라
삼매에 든 해탈의 도를 닦아
물든 잎을 가볍게 열어 찬란함을 쏟고
허공을 짊어지는 창백한 민낯은
봄의 목마름이 향연으로 이우는

동튼 미소를 깨문 봄의 빛깔

머묾의 여유

바람 읊고 달을 빚은 풍류는 머묾의 여유

리듬에 포획된 머묾의 여유는 넉넉한 저편에 웅크리고 가라앉은 눈빛이 살갗에 저리는 느낌은 헐값에 팔아치운 기억에 돌아눕는 내가 뒤척인다

지평을 마주한 눈썹달이 나를 열고 들어온다

아다지오의 낡은 빗장을 풀고 붉은 하늘 가지에 잦은 기억의 점과 색이 허세로 부딪히는 머묾이 두 손 모아 새벽 적요의 깊이 속 여유가 깃발로 펄럭이고 은빛 파도를 타는 나비의 한가로움에 배설과 붉은 한을 토하는 솔밭 아카시아 덤불 속에 묻어둔 새벽안개 속에 몸을 들여놓고 마음이 문을 묶었다

나를 뚫고 솟아나는 머묾의 여유

날 더러 어쩌라고 어찌하라고

비슬산아
날 더러 어쩌라고 어찌하라고

양달진 연록의 대견사지 자락에
봄바람을 희롱하니 황홀하게 가녀리고
앞산 너울 삼십만 평 산허리를 휘어감고
영롱함을 토해놓은 천상 화원 비슬산아

화려하게 설레이고 발갛게 물들여서

붉은 입술 노랑 씨방, 깊고 깊은 울림으로
짙붉게 출렁여서 애끓어 일렁이는
애간장을 녹여놓고 그리움을 홀리더니

아- 비슬산아 내 고향 비슬산아
빛살로 굽이치고 홍청이는 수작질에
찢어발겨 터진 목젖 이리 째진 아가리로
유혹의 눈길 절세의 애간장을 어쩔거나

꽃마다 은빛 소리 사랑을 탄식하고
침묵이 발효되어 불타는 화음의 향기 따라
꽃등에 결박당해 서쪽 새 지저귀는
낯설지 않은 하늘이 고요롭구나

비슬산아 내 고향 비슬산아
날더러 어쩌라고 아- 아 어찌하라고

관례 冠禮는 사회적 인격체로
공인하는 성인례 成人禮다

눈부신 젊음이 꽃으로 피어나 세상을 적시니

빛깔이 따뜻하고 부드러운 감성을 품어서
깨달음에 푸른 날개에 머무름의 여유
자존의 벽을 쓰다듬고 비상하는 절제의 아량

진화되어 가는 것에 아름다움을 본다

기억의 흔적 나이테는 빨갛게 익어가고
하늘로부터 부여받은 인본을 귀히 여긴 관례 冠禮는
사례 四禮* 중 하나로 매우 중하게 여겼다

물든 향기 푸르름이 치솟는 존귀한 생명이더뇨
육체는 정신의 아름다운 궁전

성인으로서 도리를 다하는 것은
눈빛으로 빚어 몸짓으로 말하는 것이라
사회인으로 책임과 의무를 다하는 것이다

처음인 길일 수밖에 없어
보살핌을 떠나 사회적인 인격체로 거듭나는
공인 公認* 받는 의례를 남자는 관례라 하고
여자는 계례 笄禮*라 하여
성인례라는 문화를 형성했다

지우지 못하는 얼룩을 태우는
물살에 구겨진 내 모습을 비추는 촛불을 본다

민중의 마음을 깨워 애증의 문을 연
갑오개혁 甲午改革* 이후 단발령의 시행으로
상투를 자르고 머리를 깎게 됨으로써
전통적으로 거행하던 관례는 점차 퇴색 되어가고

농경사회에서 산업사회로 변화 했다

성인례는 3일 전에 주인이 축문 祝文*을 지어
사당에 고유 告由*제를 올렸다
주관자는 학덕이 높은 이를 빈 賓*으로 삼았다

관례하는 날 대청의 동북쪽
관례 장소에 휘장을 쳐서 당일 관례에 진설할
음식과 관복 冠服*을 준비하고
주인과 함께 빈을 맞아 행사장에 안내했다

동쪽 하늘을 품은 마음으로 의관을 정제하고
시가례 始家禮*는 빈이 관례자에게
읍 揖*하면서 시작되었다

관례자는 태어나서 처음 쌍계를 하고
사규삼을 입고 복건을 쓰고
늑백 勒帛*띠를 두르고 채리 彩履*를 신고
삶의 꽃술이 피어나는
향내가 자욱한 가운데 행사장에 꿇어앉았다

천륜을 이제금 아득히 돌아보고
빈을 돕는 찬이 관례 자의 머리를 빗겨
상투를 틀고 망건을 씌운 다음 행해졌다

시 가례 始家禮*는
관례자가 꿇어 앉으면 빈이 축문을 읽고
치포관 緇布冠*을 씌우고 상투에 틀어 주는데
좋은 날 시가원복 始加元服*하노니
이전 마음을 버리고
성인에 덕을 지니라는 축사를 하였으니
천년의 숲 온몸에 무성한 잎이 돋았다

행사장에는 꽃살에 햇살이 닿아 향긋했다
관례 자는 방으로 들어가
사규 삼을 벗고 심의 深衣*를 입으며
대대 大帶*에 흑리 黑履*를 신고 제자리로 가서
남쪽을 향해 꿇어앉았다

재가례 再加禮*는 관례자가 정해진 곳에 앉아
하얗게 부딪치며
따뜻한 가슴으로 빈이 관례자 앞에
재가 축사를 하고 의관을 씄다
관례자는 방으로 들어가 심의를 벗고
소포 素袍*를 입고 혁대를 둘렀다

삼가례 三加禮*는 관례자가 꿇어앉고
빈이 축사를 한 뒤 유건 儒巾*을

씻워주고 소포 素袍*를 벗고
청삼 靑森*을 입고 학사대를 찬다
복두를 쓰고 공복 公服*에 혁대를 띠고
가죽신을 신고 홀 笏*을 든다
작변 爵弁*을 쓰고 난
삼채 三衫*를 입고 신을 신는다

입자 粒子*를 쓰고 도포 道袍*에
학사대를 띤다, 뿌리가 꽃잎을 열듯
좋은 해 좋은 달 형제와 함께
덕을 완성하였으니
머리가 희게 오래 살라는 삼가 축사를 했다

모시옷 갈아입고 다소곳이
꽃잎 날리고 싶었던 초례 醮禮*는
성인으로서 술을 마시는 예이다

관례자가 남쪽을 향해 꿇어앉으면
빈이 관례자에게 축사를 하고
관례자는 두 번 절하고 빈에 답례한다
관례자는 술을 마시고 찬에 주고
빈에게 두 번 절하면 빈이 답례했다

빈이 관례자에게 너의 상스러움을 받아 복을 받고

오래 살라 잊지 말지어다
초축사 醮祝辭*를 읽어 의례가 더욱 빛났고
얼어붙은 입술을 깨문다

하늘에 앉아있는 햇빛이 손뼉을 쳤다

빈자관자 賓字冠者*는
빈이 관례자에게 자 字를 지어주고
빈과 관례자가 마당으로 내려가 빈이 축사한다
총총히 좋은 날에 분명히 알리노라
너의 자가 매우 아름다워 훌륭한 선비로다

의미를 보존하라는 자사 字辭*를 현명함을
세상에 알릴 것이다

사당 의례는 가장이 관례자를 데리고
사당에 가서 조상에게 올리는 고유의 예로
이상으로 성인례를 알렸다

하늘에 오묘한 빛깔의 의미를 기원했다

관례자는 빈에게 큰 절을 올리고
한 동네 어른들에게 두루 인사를 했다

인생을 항해할 뱃고동 소리가 힘차게
변죽을 울린다

번지는 물결에 흔적을 지우면서
맑은 호수에는 쪽빛 하늘이 가득하고
발갛게 물든 향기 한 아름 가슴에 들어왔다

한문수 큰 화려하고 광활한 붉은 정오의 파도
당신을 짚어 나를 헹궈 널 듯 당신을 앓는다
사회인으로 책무를 다할 것이다

﹡관례 冠禮: 관례는 사회인으로서의 책무를 일깨워주며 성인으로서의 자부심을 부여하기 위하여 올리는 의식. ﹡사례 四禮: 관례, 혼례, 장례, 제례의 네 가지 의례. ﹡갑오개혁 甲午改革: 조선 고종31년 7월부터 고종 33년 2월 사이에 추진되었던 개혁 운동. ﹡축문祝文: 제사 때에 읽어 신명 神明께 고하는 글. ﹡시가례 始家禮: 한집안에서 지키는 예법. ﹡늑백 勒帛: 허리를 둘러매는 띠. ﹡빈 賓: 조선시대에, 후궁에게 내리던 정일품 내명부의 품계. ﹡찬 贊: 관례 冠禮의 절차를 주관하는 빈賓의 보좌를 맡아보던 사람. ﹡치포관 緇布冠: 선비가 평상시에 쓰던 검은 베. ﹡심의 深衣: 신분이 높은 선비들이 입던 옷. ﹡흑리黑履: 유생 儒生들이 신던 검은 빛깔의 가죽신. ﹡유건 儒巾: 조선시대 유생들이 쓰던 실내용 두건의 하나. ﹡청삼 靑衫: 나라의 제향 때에 입던 남색 도포. ﹡복두 服頭: 조선시대에, 과거에 급제한 사람이 홍패를 받을 때 쓰던 관 冠. ﹡홀 笏: 조선시대에, 벼슬아치가 임금을 만날 때에 손에 쥐던 물건. ﹡입자 粒子: 어른이 된 남자가 머리에 쓰던 의관의 하나. ﹡도포 道袍: 통상예복으로 입던 남자의 겉옷. ﹡초례 醮禮: 전통적으로 치르는 혼례식. ﹡찬 贊:관례 冠禮의 절차를 주관하는 빈 賓의 보좌를 맡아보던 사람. ﹡초축사 醮祝辭: 빈이 관례하는 자에게 술을 마시게 하는 축사의 말하는 것. ﹡공복 公服: 관원들의 의복이며, 관원의 상징임. 빈 배속의 의미는 空腹이어야 함.

이팝꽃

흰쌀밥 같은 꽃 잎새에 얹힌

숭어리마다 가득 채운 이팝나무에서
허기로 찢어진 살갗을 본다
애끓는 가슴앓이는
풍요를 깨워 허리를 둘둘 말아
목젖이 보이도록 푸짐하게 웃고서
굴절된 시간을 내려놓은 엷은 미소

한 마지기 향기를 쓰다듬는 허기

가을앓이

단풍의 취기가 뿌린 색깔의 광란

시간의 추가 빛의 리듬에 부딪치고
황갈색 갈피가 깔아놓은 소멸의 몸부림은
만공을 가득 채운 계절의 씨앗이라
낡고 붉게 활활 태워 숲에 흩뿌리고
짙어지는 감성이 물든 나목의 민낯
배설과 붉은 한을 토하는 색깔의 반란은
허리춤의 넓이로 굴레를 던지고
붉게 앓은 분분한 눈동자는
한량없이 흔들려서 찢긴 숲들의 흥청이라
제 몸 하나 내려놓은 황홀

망연히 붉어지는 숲들의 광란

갈대의 랩소디

휘몰아 흐르다 넋을 놓고

흔들림을 잃어버린 갈대의 몸부림은
정지된 흐느낌에 시간을 내려놓고
오장육부에 새겨진 고통의 반흔은
밤의 지평에 내려놓은 눈썹달 보고
세월 밖의 흔들림을 그렸으리라
향그런 갈채를 받는 갈대는
입술을 깨문 수천의 소리를 타고
깊고 푸른 일렁임의 리듬으로
들판을 찢는 소쩍새 울음의 난타는
느낌으로 연주하는 탱탱한 무늬

갈대의 화음은 천상의 랩소디

존재의 본질

덧없음은 존재의 본질이다

시간은 물 위에 그은 그림자이고
생의 물음표에 쌓인 허기로
남겨지는 것은 허공의 자국뿐
영혼은 사라짐 속에 머문 환영으로
삶의 무늬로 얼룩진 찬란한 침묵
존재는 소멸로 완성되고
머무름은 가장 깊은 허상이다
영혼은 덧없음의 숨결로

모든 건 사라짐으로 존재한다

물길 바람길

 쉴 곳 잃고 떠돌던 길들의 호흡이 꺼내 든 길을 둘둘 말아 겹친 기억의 무늬로 풍경의 흔적을 따라 걷는 길

 오솔길은 침묵의 몸짓을 숲에 감추고 흐르는 물길 따라 바람 닿는 대로 걷는 길. 게으른 낮닭이 회치는 소리에 사운 대는 여울진 새소리를 삼키고 쉬어 앉아 몽롱하게 분분한 매화에는 춘설이 맺혀 흐르다 닿으면 휘돌아 가고 핏줄이 돌아 천년을 견디는 바위는 외롭고 괴로운 물길 바람길

 잃은 걸음 짚어진 길 하나쯤 품어 미 틈달 지나 매듭 달 새기고 빛 오름 달 맞아 처음 가는 길. 유유히 흐르는 바람 따라 유토피아 찾는 길 해가 설핏한 도랑 따라가는 길

 세월을 휘돌아 물길 따라 바람 따라 흐르는 물길 바람길

『제5부』

허공으로 뻗지 못한
　　그림자가 비어 있다

취호당

동행

표류를 예인하는 정오의 유랑

색 바랜 바람이 더 좋던 날
생각의 깊이가 함께라서
소낙비 맞은 잎은 휘파람을 깨물고
굽이진 길의 높낮이를 흔들어
은하 성좌의 율동을 기억으로 본다
돋은 잎에 여믄 바람 한 올
나이테가 짙고 어둠이 깊은 까닭에
아직 잎이 돋는 갈채를 받으며
관절에 불을 지펴 흘러가는
늘어지는 그림자에 발을 얹고

세월의 돛 달고 유랑하는 동행

갈증의 쉼터

안개 짙은 어둠에 빈 달이 뜨고

추억의 편린들이 기억으로 일렁이니
잎들은 휘파람을 깨물고
손등이 주름져 꿈을 이룬 텃밭에는
감량된 삶을 올려놓은 달그림자
겨울 연못에 열반에 든 성화를 본다
연이 닿아 함께 아픔을 나누던
기억은 갈증을 묻어둔 쉼터였고
질긴 멍에의 속살이 단단해져서
햇빛에 문양을 새긴 남루한 허기는
짜라 빠진 넋두리가 들어앉아

한 조각 삶을 파는 갈증의 쉼터

오지랖

빛깔의 농도와 높낮이를 흔들어

허방을 짚어보니
제 그림자 밟고 기웃거리는 오지랖
주름의 깊이만큼 따스함이 넓고
세월의 살갗에 얇아진 가슴엔
구만 구천두로 가파른 오지랖
맺힌 옹알이가 가슴 후빈 회억으로 남고
편몽으로 토한 옹골찬 고집
제 몸 베어버린 삶을 바람에 절인다
산다화가 뿌린 향기가 아름다워
낯설지 않은 하늘이 고요롭다

속살에 박힌 옹이는 그의 오지랖

풍류 한 모금

실금 간 항아리처럼 곱게 늙은

침묵의 억겁이 선혈로 토한 낙조
발갛게 타오르다 물빛에 잠긴 억겁이
강 허리 낙원재가 품은 문향
튕기는 가야금 선율을 휘감고 돌아
시름은 가뭇없이 사라져 가고
잃을 것도 얻은 것도 없는 한량
고운 현에 감흥으로 읊조리는 시조창에
묵화를 치며 시를 짓고 화제를 일 필하니
형설을 심은 씨눈 허공을 지피고
풍류를 읊고 숨겨진 세상을 토했으니

세상을 빚은 빛 금 풍류 한 모금

훨훨 날아라

 등고선이 그림자 밟고 겨울 찬 어둠을 불살라 빛이 부딪치는 함성을 불러 산천에 울려 퍼져 훨훨 날아라

 밝고 맑은 눈동자를 담아 설렘과 두려움이 솟는 붉은 햇덩이를 펼치고 희망을 전하는 파랑새는 올곧게 살아온 기억을 삭혀둔 알몸 속에 씨앗을 뿌린다 산섶이 박동하는 소리 앞에 마르지 않을 산 같은 침묵은 바람 한 폭 잘라 가슴에 두르고 새는 새로이 열린 하늘에 미리 나 있는 길을 따라 훨훨 날아라

 숲새의 소리가 덧뵈기로 쌓이고 더욱 고요를 품어 뒤척이며 점과 색이 촉수로 부딪히는 도파민 드레싱

 은빛 영혼은 풍장 風葬을 치르고

빗소리에 뿌리가 있다

   봄비 소리에 뿌리가 있다

   시간을 엮은 하루의 흔적에 자욱한 물안개를 몰고 온 바람의 내장은 외눈박이 미로에 말미잘의 촉수로 추억 베고 길게 누워 물오른 평행의 날개를 본다

   땅이 맞닿은 하얀 장막 속 기억의 편린은 불빛을 목에 두르고 창문을 넘는 난기가 더욱 처연한데 어깨에 흐느끼는 반란의 몸짓은 알뿌리로 잉태하는 새싹 돋는 소리에 오래된 돌쩌귀가 삐걱거린다 번식의 의미는 봄이 무르익는 소리로 드러눕고 안개를 밀어 올릴 산천의 날숨소리에 비가 내리고

   흐르는 빗소리에 뿌리가 있다

당신이 사랑

　당신이 사랑입니다

　당신의 까닭이 미쁜 미소의 가녀림에 스치고 무지갯빛 숨결 번져온 당신 그늘에 봉긋한 마음 이루지 못한 그리움 되어 구름 벼랑 유랑 별 되고

　연민 한 조각 삶을 팔아 보태고 탱탱한 오장육부에 맑은 눈 밝은 온기 담아 여울진 파문을 쌓고 물든 잎 열어 곡선의 유혹으로 운율의 불꽃을 태우며 찡하게 피어난 연민의 정

　당신이 바로 사랑입니다

도시의 오로라

    허공으로 뻗지 못한 그림자가 비어 있다

    가뭇없는 행간에 초록 오로라가 새겨진 고통의 반흔 햇살에 통정한다 시선을 주유하는 시간은 네온의 숲에 베인 빌딩이 하늘을 뚫고 슬픈 영혼의 주름살이 잔잔해진 도시의 오로라

    세상을 하품 속으로 밀고 들어와 길을 붙잡은 이정표가 바퀴를 유혹하고 메아리 친 바람 방울 소리가 귓전에 변죽을 울린다 취한 듯 흔들리며 포근한 덕담으로 빗속에 갇힌 바람을 깨물어 시퍼런 심장은 까치 발목이 감각의 수신호로 앉아서 찬연한 빛을 발하는 도시의 오로라 꼬리지느러미로 수면을 할퀴고

    아가미로 빨아들인 시간의 갈퀴가 도시의 오로라

왈 풍류

잎 넓고 속 깊은 청산을 짚어

강허리 물결 굽이치는 취호당에 올라
달빛 빚어 술잔을 청산에 띄우고
흥취는 거문고 선율따라 스며든다
한 울림이 순해지는 망강의 피안
한 폭의 시심이 여백에 머무른다
시간을 지우는 서녘바람의 신기루
세상을 빚은 결을 여백에 담은
현모의 도가 선비의 품격이니

흐르는 산천을 읊조리는 왈 풍류

소리가 휜다

울림의 고요는 새벽 소리를 쌓는다

고요의 깊이로 소리가 지는 순간
여울에 띄워진 잎새의 춤사위는
소리가 소리의 빛을 타고 와
형형색색으로 침묵을 깨운 잎들이
알 수 없는 소리가 음표를 그린다
넋 나간 솔향 코끝을 스치고
감정을 감쌀 색채를 가늠할 수 없어
비탈에 아로새긴 맹목의 진리를 보는
맑고 시린 풍경소리
깃든 달빛 부스러기에 허물어진

해무늬로 얼룩한 소리로 휜다

삶의 연륜

주춧돌을 깔고 대들보에 배인 연륜

향나무 등결에 새겨놓고 깨문 마디
굴곡진 세월의 자국이 머뭇거리면
초경빛 노을이 어둠을 끌어 덮고
허우룩 비운 한세상 소중한 당신은
휘어진 희한이 환하게 시리다가
사는 일에 알뜰한 그곳에 펄럭인다
보이지 않은 곳에 바알갛게 물든 향기
잔잔한 호수의 가슴에 정이 맺히고
숲이 숲을 그리는 풍경의 완성에서
노을을 지피던 숲의 살갗을 찢으니
절망을 덮은 희망의 속살이 일렁이는

어둠을 밀치고 솟아오르는 삶의 연륜

인생인 것을

　나를 헹궤 널 듯 당신을 않는다

　호수는 머무름에 망설임이 아름다워 으스름이 몰고 온 안타까움에 물든 영혼의 부조浮彫 새긴 발자국 따라 굴절된 시간을 내려놓고 나를 비운 것이 인생인 것을

　한밤 베갯잇에 맴도는 해진 기억은 닳지 않은 은혜로 따스함에 젖고 리듬의 북소리가 조각난 물결의 흔적으로 꿈이 피어나고 뼛속 깊이 향기에 취한 옷깃을 여미고 초경을 터트린 동백꽃 연정으로 섦도록 뜨겁게 쏟아놓은 몽상의 화수분

　녹슨 굴레의 감성이 통하는 흙의 순비 소리에 달빛 가득한 미소 옷고름 푼 온기가

　찢긴 고통에 휘황한 것이 인생인 것을

상례 喪禮는
산자 生者와 죽은 자 死者의 의례 儀禮

황토길 허공에 궤적을 탐험하는 헐거운 삶

뇌수 腦髓*의 어둠을 흔들어 추모의 형상을 더듬고
생자 生者와 망자 亡者가 소통하는
영원의 공간에 살아있는 자는 추억을 더듬어서
망자를 그리워하고

시들지 않은 가슴에 산그늘이 지면

숨죽여 흐느끼는 노을의 서녘 하늘에
망자의 오묘한 빛깔의 의미가 그리움으로 젖어든다

옷섶에 베이는 산자의 슬픔이 있어
애틋하게 정을 건네주던 생각에 뜨겁게 울고
망자의 무거운 발길로 이승을 하직하는 허전함을

은하 강 푸른 물에 하얀 쪽배 타고
흰 무명 저고리에 긴 머리 풀고
톱은 목울음 울어줄 사람 관위에 어롱지고
서녘 달 횃대 치는 외딴길에
달빛 찢어 덮어주는 애움 길

폭설처럼 쏟아지는 땅 파고 씨 묻던
가슴 허무는 고향 선산 베고 누워
끝나는 곳에서 시작하듯
한탄하는 거문고 운 韻*을 타고
끊일 듯 이어진 길 이어질 듯 끊어지는 연 緣*을 타니
짙은 향이 밴 에움길에

황토길 굽이굽이 돌아 떠날 당신의 먼 나라
허기진 들녘 논두렁을 돌아가는 길
저마다 가는 길에는 삶의 무늬가 있다

공자께서는 사람이 살아있을 때는
살아있는 대로 인의예지 仁義禮智*가 있고
죽어서 가는 길에도 인의예지가 있어
산자의 의례라 하여 상례 喪禮*라 했다

섧도록 흐느끼고 황망하게 하늘이 무너지듯
상례라는 문화적 의례를 통하여
삶의 농도를 뿌리의 지혜로 쟁이는 것은

목매임을 흩뿌린 붉은 네 속살이라

자주 뵙고 안부를 살피지 못한 후회와
인연의 소중함이 가시처럼 박히고
사자의례 死者儀禮*인 상례와 제례의 숭모의례는
조상숭배와 함께

길 잃은 걸음 짊어진 채
사람이 태어나 마지막 가는 길을 매듭짓고
가계의 계승을 정당화하는 의례와 절차를
상례 喪禮*라 하는 인간다운 예법을 통하여
포근한 흙냄새에 마음을 묻었다

새소리에 물든 안개 빛이 차오르고

아름답게 시들어 고운 꽃으로 떨어진 상례는
어린이나 혼전 기혼 청장년의 사망을
흉상 凶相*이라 하고 천수를 다하면
호상 好喪*이라 하고 길상 吉喪*이라 했다

한평생을 같이 살고
영결종천 永訣終天* 하는 아쉬움에 흐느끼고
베풀지 못한 후해와 회한으로
그리움 담고
황량한 바다에 조각배를 띄우듯 애절하게
이승길 위에 가녀린 갈대 잎 남겨놓고
어둠을 깨물고 옷섶에 그리움을 심었다

유교 철학인 중용 中庸*에 이르기를
죽은 자를 섬기기를 산 사람 섬기듯 섬기고

죽어 없는 자를 섬기기를
산 사람과 같이 섬겨야 하는 까닭은

상 喪은 죽었다는 말로 사 死라 쓰지 않고
상이라 쓰는 것은 복 服을 입고
산 사람과 같은 예의를 갖추라는
인간 도리를 상례로 하는 의례 행위였다

마음에 새겨둔 산자의 어여쁨이라
다 닳아 없어진
지문을 눈금에 넣어 여미고 새겨서
죽음을 삶의 종료로만 생각하지 않고
또 다른 다음 세계에서의
삶을 위한 시작으로 새로운 빗장을 열고
관념이 표출되는 의례로 삼았다

쌓이고 쌓여 해지고 낡아 빠져진 애움 길은
절차를 통하여 날개를 접으려 하니
사자와의 관계와 나의 관계로 의례의 절차에 따라
의례의 일면으로 정성을 다하는
위상이 부여되고
그것을 통하여 참된 인간관계를
엿볼 수 있게 하니 연자방아 돌아가는
그림자가 앉아 돌아가며 어른거리기도 했다

운명한 사람을 땅에 묻은 다음
산자가 추모하는 의례로써 탈상하게 되는
3년 동안 행하는 의례의 의식을 상례라 했다

부모에게는 3년 동안 상사 喪事*를 치르고
임금에게는 3년 복 服을 입고
스승에 대해서는 3년 동안 심상 心想*을 입었다

이를 군사부일체 君師父一體*라 했다

저마다 망자의 그림자를 그리워하는 마음과
찢어진 가슴이 있었다

유교의 상례 절차를 행함에 있어서
인간다움의 의례 儀禮*에는 초종 初終* 습 襲*
소렴 小殮* 대렴 大殮* 성복 成服* 조상 弔喪*
문상 問喪* 치장 治葬* 천구 遷柩* 발인 發靷* 급묘 及墓*
반곡 反哭* 우제 虞祭* 졸곡 卒哭* 부제 祭*
소상 小祥* 대상 大祥* 담제 祭* 길제 吉祭로 19절이다

일반 관례에서는 염습이라 하여
예서의 습 襲* 소렴·대렴을 흡수하고,
발인이 천구를 한 다음 우제가 반곡을 흡수하였으며
부제·담제·길제가 사라진 절차를 줄여
상주의 상황에 따라 의례를 행하였다

사 사자를 다독여 주는 방법으로
상복 성복 成服*이 있다
상제와 복인들은 복제에 따라 상례의 복식을
갖추어 성복한다

의례의 수의 壽衣*의 종류는 복건, 망건, 심우,
도포, 두루마기, 원삼, 당의 띠, 과두,
솜저고리, 곳적삼, 속저고리, 겉저고리, 솜바지,
속속곳, 고쟁이, 단속곳, 행전, 신, 명목,
악수, 솜버선, 거포, 충이, 천금 지금 등
보이지 않고 소박한 빛이 더욱 곱게 엄숙했다
살아생전 슬픈 흔적들이 빛살로 굽이친다

성복은 슬픔의 깊이에 따라 3년, 1년, 9개월,
5개월, 3개월의 기간을 정하였으나, 현실은
기간을 정하여 두지 않았으며 끊어지지 않은 끈을
이어 갔다
님 잃은 슬픔에 살아갈 길에 앞을 가렸다

민족의 혼이 담긴 의례 의상으로
흰 두루마기, 흰 치마저고리를 입고
마포 두건에, 상장과 완장을 하고
여인은 흰 고무신을 신는다
양복일 때에는 검은 양복에 검은 넥타이
검은 양말 검은 구두 신고
마포 상장을 가슴에 묶어두어
산 자와 죽은 자의 연을 이어주는 의례로
마디마디 내려앉은 침묵이 흐른다

사람으로 피었던 꽃이 떨어지는 것으로
임종 臨終*을 맞이하여
정침 正寢*을 깨끗이 정리 정돈하고
요·이불·새 옷을 준비와
임종한 다음 곡을 하며 시신을 북쪽에 눕히고
머리는 동쪽에 두고
생시에 입던 옷을 가지고
지붕에 올라가 북쪽을 향해 옷을 휘두르며
고인의 이름을 세 번 불러
다시 소생하라는 의식인 초혼의 예를 올린다
마지막 떠나는 온기를 생각하며
뼛속 깊이 차오르는 서러움이 복받친다

수시 收屍*는 숨을 거둔 후
바르게 하고 즉시 두 눈을 감기고
솜으로 입, 귀, 코를 막고
머리를 반듯이 한 다음, 손, 발을 주물러 편 다음
발을 가지런히 하고 남좌 여우로 모아
닥종이로 묶고 얼굴을 덮은 후
칠성판에 눕히고 병풍을 치고 난 다음에
촛불을 밝히며 향을 피운다

떠나가는 망자 앞에 마지막 옷깃을 여민다

모든 상제는 서서 조객을 받으며
마당에 불을 놓아 밤샘하며
상복을 준비하고 조문의 의례가 시작된다

책임자를 두고 장례에 대한 안내와
장지, 장일, 연락, 부의록,
사망신고 매장 허가로 상례 절차를 진행하며
향을 피우고 의례의 법도를 따랐다

전은 고인을 생시와
같이 섬긴다는 의미로 시신의 동쪽
어깨 부분에 제상을 놓고
주, 과, 포를 올리고 세숫대야,
수건 준비와 향을 피워 사자를 그리워하고
축관이 손을 씻고 잔에 술을 올린다

망자의 기억이 말라 추억이 마비되었다

산울림이 맴도는 숨결 따라
소렴 小殮*은 운명 이튿날 수의를 입히는
의식으로 치르고
대렴 大殮*은 죽은 후 사흘 만에
칠성판을 깔고 시신을 완전히 싸서
관에 넣고 빈 곳을 채워서 고정하고

조발 주머니를 넣는 절차로
입관하는 의식이다
얼굴에 쏟아지는 눈물을 억누른다

향기 없는 꽃 한 아름 껴안고
설전은 제물을 올리고 다 같이 곡을 한다
영좌, 혼백, 명정 등 설치하고,
성북 成服*은 상제와 복인들이 복 服*을
입는 절차로 성복 후에 조문받고
신주의 절차와 사토제의 예를 올린다
하늘도 가슴도 무너져 내린다

망자는 길 잃은 길 찾아 여백의 흰 세상

영결식 永訣式*은 영구가 장지로 떠나는 절차와
발인제를 거행하는 의식이며.
하관 下官*은 상여가 도착하여 매장하기까지
상주들은 곡을 하고
하관하는 것을 의례에 따라 살핀다

성분 成墳* 흙과 회로 광중 壙中*을 채우고
봉분 封墳*을 만든다

유택에는 만장처럼 햇빛 한 자락 펄럭인다

망자는 햇빛과 바람, 들녘과 강을 건너
산천에 온 유택
초우 初虞*는 장례 후 첫 제사이다
육신으로 펼쳐 젖던
탈상 脫喪*은 삼 년만에 한다

집 앞 사거리에서 고향 가는 푸른 산호등을 본다

기제 忌祭*는 탈상 후 사망한 날의 제사이다
그리움을 심어 선혈로 토해낸 의례는
가가의례 家家儀禮*라 하였다
숲들은 잎을 비운 채 연신 망자를 위로하는데
망자를 향한 추모의 그리운 정은 살아있을 때와
한마음일 것이다

윤회의 마차를 스치는 바람의 신음 소리가 있고
숲의 허리춤에 사람의 향기가 자욱하다.

---

*뇌수 腦髓: 중추 신경 계통 가운데 머리뼈 안에 있는 부분. 대뇌, 사이뇌, 소뇌, 중간뇌, 다리뇌, 숨뇌로 나뉜다. *운 韻: 유사한 자음이나 모음이 일정한 위치에서 규칙적으로 반복되는 것. *연 緣: 서로 관계를 맺게 되는 인연. *상례 喪禮: 상례는 죽은 사람을 장사지낼 때 수반되는 모든 의례. *사자의례 死者儀禮: 상례는 죽

은 사람을 장사지낼 때 수반되는 모든 의례. *흉상 凶相: 나쁜 상. *호상 好喪: 좋은 상. *길상 吉喪: 운수가 좋을 조짐. *영결종천 永訣終天: 영결을 고하는 예. *중용 中庸: 공존과 소통 그리고 인성을 세우는 진리. *수의 壽衣: 죽어서 입는 옷. *임종 臨終: 목숨이 끊어지려고 하는 사이. *정침 正寢: 제사를 지내는 몸채의 방. *수시 收屍: 몸을 똑바로 펴는 것. *소렴 小殮: 죽은 뒤 습 襲을 마치고 나서 뼈가 굳어 입관 入棺하는 데 지장이 생기지 않도록 손과 발을 거두는 절차. *대렴 大殮: 시신을 입관하는 상례 喪禮 중의 절차. *성복 成服: 죽은 지 사흘째 되는 날, 즉 대렴 大殮을 한 다음 날, 오복의 친속들은 모두 성복을 하고, 지팡이를 짚는 복을 하는 사람은 지팡이를 짚는다. *상사 喪事: 아버지나 어머니의 상사 喪事. *심상 心想: 마음 속으로 입는 상. *의례 儀禮: 행사를 치르는 일정한 법식. 또는 정하여진 방식에 따라 치르는 행사. *초종 初終: 초종 말에는 '막 사망하다.' *습 襲: 죽은 사람에게 옷을 갈아 입히는 절차. *소렴 小殮: 죽은 사람에게 옷과 이불을 싸는 절차. *조상 弔喪: 고인의 명복을 비는 일. *문상 問喪: 남의 죽음에 대하여 슬퍼하는 뜻을 드러내어 상주 喪主를 위문함. *치장 治葬: 치장 治葬은 장사를 준비한다는 말이다. *천구 遷柩: 발인 하루 전에 행한다. *발인 發靷: 장례 지내는 날. *급묘 及墓: 영구가 묘지에 도착하는 것을 말함. *반곡 反哭: 장지로부터 집에 돌아와 신주 神主와 혼백상자를 영좌 靈座에 모시고 곡함. *우제 虞祭: 초우 初虞, 재우 再虞, 삼우 三虞를 통틀어 이르는 말. *졸곡 卒哭: 삼우제를 지낸 뒤에 곡을 끝낸다는 뜻으로 지내는 제사. *소상 小祥: 사람이 죽은 지 1년 만에 지내는 제사. *대상 大祥: 사람이 죽은 지 두 돌 만에 지내는 제사. *길제 吉祭: 담제를 지낸 다음 날 정일 丁日과 해일 亥日을 택해서 신주를 사당에 안치하기 위하여 지내는 제사. *하관 下官: 시체를 묻을 때에 관을 광중 壙中에 내림. *성분 成墳: 흙을 둥글게 쌓아 올려서 무덤을 만듦. 또는 그 무덤. *광중 壙中: 시체가 놓이는 무덤의 구덩이 부분을 이르는 말. *봉분 封墳: 흙을 둥글게 쌓아 올려서 무덤을 만듦. 또는 그 무덤. *초우 初虞: 장사를 지낸 후 첫 번째 지내는 제사. 혼령을 위안하기 위한 제사로, 장사 당일을 넘기지 않는다. *탈상 脫喪: 어버이의 삼년상을 마침. *기제 忌祭: 해마다 사람이 죽은 날에 지내는 제사. *가가의례 家家儀禮: 집집마다 의례를 치르는 일정한 법식이 있음.

기억의 회로

얼핏 설핏 능선에는 연봉을 쌓아 놓고

뒤태 잃은 회화나무 그림자가
맑은 바람 밝은 날빛 빚은 봉우리에
깊이로 가라앉아 물결치며 다가와
꽃구름 벗 삼는 것이 그리움이니
무아의 화폭에 곱다란 미소가 번진다
설핏 눈시울을 지울 수 없는 흔적은
새벽 저쪽의 여명이 기억의 회로
애끓는 기다림과 배웅의 뒷모습의
평생토록 탕진한 화음의 향기는
기억은 구름 절벽에 무지개다리를 놓고

끝나는 곳에서 시작하는 기억의 회로

임 바라기

임은 내 곁에 여러 번 왔습니다

내 하늘에 내 꼴이 넓푸다 하고
앓고 있는 낯선 풍경에 둔탁한 신음은
천년 숲 얼룩져 찢어진 고통이라
머리채를 휘잡은 통증의 행방을 더듬는
영혼이 끓어 넘치는 임바라기 허기라

슬픔을 보듬은 가슴이 환해지고
당신의 등고선에 쌓인 운율에 그림자는
평생토록 탕진한 호흡을 깨물고
나른한 구름 난간에서 보는 당간지주
풍경에 흩어진 빛 푸른 향연이라

임 바라기 향기를 기다립니다

적도의 가슴

양극의 적도가 불타고 있다

적도의 가슴에 들끓는 광란
붉게 타는 선홍빛 심장에는
적도의 가슴 붉은 낙조를 만들어서
향기로 깔린 황홀한 취기가 있고
한 아름 뿌듯이 선혈을 토해내는구나
붉게 두른 공전의 양극 적도에
눈부신 환희는 소망으로 솟아올라
날 맑아 힘차게 돋아나는 극치에는
뼛속 깊이 활활 태운
지칠 줄 모르며 행간에 맴돌고
피눈물 토한 이 난리를 어쩔거나

붉게 타는 코타키나발루

『제6부』

깊이 휜 존재의 무게가
　　　소리로 피어나

취호당

홍매화

한 울림이 순해지는 물결 가지로

봄을 지펴 땅이 트는 숨비소리는
생기 도는 희열의 몸짓이라
풋내가 익어가는 고난의 갈증이 있고
섧도록 뜨겁게 솟아나는
물든 잎 열어 찬란함을 쏟는 홍매화

물오른 꽃살은 수줍음의 향기로
헐벗어 가지 뻗고 뜨겁게 피어나서
연분홍 미소가 발그레 번져 가면
차갑고도 시린 한 맺힌 절규는
살아 백 년 죽어 천년 봄의 갈롱이라

홍매화 붉은 입술 봄을 품고 벙근다

덤 바위의 꿈

태산같이 우직하고 위풍당당한 덤 바위

헐값에 팔아치운 일상의 기억을 얽어 묶고 헤어지지 못할 푸른 하늘에 적립된 태고의 신비는 침묵을 위해 움 틔운 붉은 황장목이 휘파람을 깨문다

하도 나 높은 꼭대기에 꿈을 토해놓고 바람에 묶인 퍼즐을 귓전에 모아 꿈 하나 쌓고 덤 바위의 꿈 잎을 깨쳐 산 섶을 여는 덤 바위는 침묵이 돋는 온기로

황장목을 키우고 솔향을 피우고 바람의 날개로 야윈 허공을 키워서 파랑새는 시들지 않은 덤 바위의 온기로 해와 달과 별과의 은밀한 이야기를…

붓다 하나 키워낼 덤 바위의 꿈

닻이 덫이었나

포구에 내린 닻이 덫이었나

고독의 흔적이 이정표가 되어
닻을 내린 마디마다 흐느낌이 침몰하고
기다림과 배웅의 뒷모습이 가라앉아
얼어붙은 갯벌에 적막을 쌓고
굴절된 시간을 내려놓고 허공을 비운다
덫은 넋을 잃고 썰물을 타려 하는데
수평선에 파도의 검붉은 목덜미가 있어
수천의 소리가 바람으로 날고
회오리쳐 애끓는 탄식의 소리로 진동하니
어쩌란 말인가 이 삭막한 포구를

포구에 내린 닻이 덫이였다

첫정

순백의 백합은 무너진 황홀

현란한 때깔은 몸짓의 반란
내 안에 앉아 나를 묶어둔 애련은
살아온 거리만큼 다가온 바람한올
지울수록 되살아나는 무아의 화폭으로
휘돌아 흐르다 넋을 놓고 다가왔다
여문 향기는 그림자를 쟁이고
여린 듯 달래듯 애련미 보듬고서
꽃 피우고 싶은 씨앗
돋은 잎 찬란한 첫정의 황홀이었고
가끔은 장승처럼 머물다 가는

뼈마디에 스민 황홀한 첫정

그림자 몸

거역할 수 없어 깊이 새긴 빛은 그림자를 가둔다

빛은 그림자에 취해 적립된 태고의 어둠이 안색을 바꾸고 침묵으로 고인 시간에 몸을 포개고서 숨구멍을 뚫어 빛은 그림자 몸

그의 존재는 흔들림을 따라 흔들리고, 살가운 흔적에 그가 비틀거리면 함께 비틀거리고 교만하거나 척 하지 않게 진실했고 찌든 삶 근심의 찌꺼기들 가슴에 쟁여서 하짓날 정오 그늘을 감춘 알몸이 그림자를 지웠다

그의 일상에서 버리지 않은 소리의 진폭이 그랬고 부피가 다르고 냄새가 틀리고 색깔이 달라도 한평생 곁에 머물다 명을 함께 하는 그는

또 다른 나의 몸 그림자 몸

옥계玉階

부딪치며 깨달은 무너진 바람벽

물결을 흔들어서 실개천을 헤치고
칠백 리 허공에 몽환의 별 나침판 삼아
덮씌워 사벌퇴강을 휘감아 돌아
온몸으로 디딘 물의 발자국은
사바 육계의 탁한 급류를 포갠다
굽이치고 부딪쳐서 기암절벽을
뒹굴면서 깨달아 둥글어지니
만고풍상을 온몸의 고통으로 받아서
시간을 쌓고 영혼을 담아
빛깔과 향기를 온몸에 새겼구나

부딪쳐 새긴 나이테가 옥계여라

별 하나 품은 까닭은

우듬지에 별 하나 품은 까닭

소용돌이로 곤두박질하는 별 하나
좀먹은 세월의 아우성을 휘몰아
척수 같은 더미로 흐느낌이 쌓여
끼를 품은 흔적 하나 세우는 것은
굳은 살 박인 잔해에 입을 맞춘다
천 길 호심에 떨어진 별 하나 품은 뜻은
뇌수의 어둠을 가르는 아기별 하나
둘둘 말린 시간을 정자에 걸어놓고
새소리에 안개빛 차올라
고독에 사랑 하나 품은 까닭은

여백의 품 안에 별 하나 키우는 일

가을비 오는 날

침묵을 베고 누운 떼기밭 한 자락

잎을 열어 향기 품은 갈색 사연
앞섶 향기롭게 읊은 토파스
해거름에 떨어지는 낙엽의 추억이라
갈대숲 황톳길에 모래톱이 쌓이면
울컥 그리움 쏟아 흔적을 태운다
빛보다 가볍게 찢어진 길목마다
갈지자의 취기에 앙상한 가지에는
가을비는 팽팽하게 침묵의 물감으로
단풍의 취기가 넉살 좋게 벙글었고
눈부신 계절의 가슴이 붉어진다

깊은 속살 드러내고 붉게 타는 갈 날

갈 빛 궁전

벌거벗은 갈 빛은 나목의 민낯

끝 간 데를 올라탄 한 줄기 바람은 풍요가 얼룩한 만산을 갈색으로 얼룩하고 부딪치며 쏟아져 무지개로 번진다 찬 서리에 햇살이 서창에 녹아 망상을 베어 문 허공을 솟아올라 정지된 풍경에 미소 한 모금 축여 만산홍엽으로 향기를 채집하여 삼채굿으로 몰아간다 목마른 수줍음이 향긋한 자태로 눈물 핑 돌게 갈 그려 놓고 소멸을 상징하는 긍정은 통째로 귓등을 타고 불타는 바람의 두개골을 올라탄 갈 빛 어둠이 마르지 않은 갈색 소리를 쌓는다

햇살 찢고 바알갛게 물든 갈빛 궁전

*만산홍엽 滿山紅葉 : 단풍잎이 물들어 온 산의 나뭇잎이 붉게 물들어 있음

바람 따라가는 길

서릿발 밟고 구름밭 바람 따라가는 길

칠백 리 낙동강 따라 서북 녘으로
허공을 뚫어놓고 끼륵끼륵 가는 길
달빛 물들어 하얀 입김 따라
강 허리 흔들어 촉수로 가는 길
가파르게 파고들어 바람딸아
달 지나 해 바뀌어 발자국 찾아 가는 길
끼억 끼억 단음절로 나그네 되어
휘영청 날개 찢어 그리움 담고 가는 길
서녘으로 뉘엿뉘엿 바람 지펴 가는 길
기억 뚫어 노 저어 귀소본능으로

찬란하게 높푸르고 눈부시게 가는 길

제례 祭禮는 망자 亡者를 추억하고
조상을 숭배 崇拜하는 의례 儀禮

달빛 흔들어 외롭게 끊어진 백목련 한송이
번뇌와 고통 없는 세상에서
희디흰 꽃잎은 피안의 계단을 열고
지워져 가며 무지개를 그리는 허공을 보았다

북극성에 눈빛 찍고 목선 하나 띄워서

애도하는 바람 한 점 흔들어 놓고 억겁에 묻힌
찬란한 흔적을 그리고
하늘 우러러 맑게 헹구어 놓은 굽은 발자취를

애끓는 발원을 간절한 촛불에 모우고
향불에 환생하는 님을 깨워 영혼을 지펴 깨워

인륜을 부여받은 천륜을 귀히 여겨
조상의 영혼과 삶이 맞닿아 얼룩진 어록에
그 울림의 여운을 타고 온 후손들에게
덕 德과 해 害를 줄 수 있다고 굳게 믿으며

살아있는 자가 죽은 자에 대한 예를 갖추어
영혼의 영역을 받아들이는 의례 儀禮* 행위를
조상을 숭배하는 제례로 행하였다

묘갈의 옥돌 행장 청빈의 기행으로

조상을 숭배하는 제례 행위의 정당성이
효도의 척도가 되어
반야의 달이 떠오르고 연 緣 한 자락 알리는
만장처럼 펄럭였다

굴러온 돌에서 물이 흐르고 물따라 흘러
그 물이 굳어 돌이 되듯
문중에는 시조신·중시조·입향조가 있고
불천위 不遷位*로 영구히 향사 享祀* 되고
일반적으로 기일제 忌日祭*를 지내고 있다

가문을 빛내고 전통을 지키는 일이였다

불천위는 나라에서 정한 국불천위 國不遷位*와
사불천위 私不遷位*가 있고
불천위 신주는 조매하지 않고 봉사한다고 하여
부조위 不祧位*라 부르기도 했다

불천위 제사는 기제와 달리
지방 유림과 후손들은 제사를 성대하게 치르면서
명문으로 혈연적 유대를 강화하고
지역에 권위를 상징하는 구심점으로 삼았다

존재의 가치와 신념을 받드는 의례는

일월성신 日月星辰*으로 풍사 風師*
우사 雨師* 사직 산악 강천 江川* 종묘 宗廟* 재와
문묘 文廟* 서원제 書院祭*
선사 先師* 사당제 祠堂祭*가 있다

사당에는 종자 宗子*가 대를 지키는 것으로
감실 龕室*이 있다

깊은 속살을 들어내고 흐르는 문화의 맥 뭇 사연

뭇 사연 인업의 껍질 속에
불새처럼 눈부신 시대의 맥이라 하겠다

독 櫝*은 남 南쪽으로 향하고
탁자의 북쪽에 놓았고 고조고 高祖考*의 신주는
첫 번 서쪽에 모시고,
증조고비의 신주를 모시고
사당제는 신알례 晨謁禮* 출입례 出入禮*
참례 參禮* 천신례가 고사례 告辭禮*가 있었다

신알례는 아침 심의를 입고 밖에서 분향하고
출입례는 인근에 출입할 때 분향재배하며
멀리 갈 때는 고사·재배한다
한 달 넘게 출입할 때는 분향·고사·재배했다

기일제는 4대조까지의 기일에
지내는 제사이다
기일이란 자기를 기준으로 하여
고조까지의 포함하는 친속 親屬*의 사망일이다

죽은 조상이 찾아와 가슴 한구석에
머물다 가게 하는 제사는
4대까지 지내는 것을 이상으로 여겼으나
중국에는 천자가 7대, 제후가 5대,

대부가 3대, 사 士는 1대를 지내는 전례가 있다
생각이 햇살처럼 머물다 구름처럼 흘러갔다

조상을 모시는 제사는
신이 내려오도록 분향하고
술잔에 술을 따라 모사 그릇에 붓고
두 번 절하고
강신 배례 拜禮*로 신을 맞이하여
제관이 함께 두 번 절하고
참신 배례 拜禮* 후 찬을 올리고
숟가락을 밥에 삽시 挿匙*
젓가락을 가지런히 올린 다음
초헌관, 아헌관, 종헌관이 술잔을 올린다
초헌을 한 후 독축 讀祝*하면
제관들은 모두 엎드린다.

삼 헌이 끝난 뒤 숟가락의 밥을 물그릇에 젓고
제반 祭飯*에 묵념을 올린 다음
수저를 내리고 밥그릇의 뚜껑을 닫고
신을 보내는 사신 배례로 예를 갖춘 다음
두 번 절하면 제사는 끝났다.

조상의 묘에서 지내는 제사를 묘제라 한다

묘제 전 벌초를 하고
묘소를 깨끗이 정리 한 다음
선산 왼편에 후토신 后土神* 제단에
산신제를 지낸다

묘소 앞 상석에 진설한 다음
참신하고 강신과 초헌을 올리고 독촉하고
아헌은 종헌과 같이
제관은 항렬 순으로 잔을 올린다

묘제는 청명·한식·중오 重午*
중량에 올리며
관행에서는 묘제를 시향 時享* 시제 時祭*
시사 時祀* 묘사 墓祀*로 불렀다

묘제는 10월 초순에서 중순 사이에 제를 올린다
가문에 따라서 초정일 初丁日*에
지내기도 하고
묘제는 종손을 중심으로 5대조 이상이다.
순서는 높은 조상의 묘소부터
내려오면서 지낸다

안개잎 사이로 몰래 깨무는 개울물 소리

묘제는 가문에 따라 3헌이나 단헌으로 되어 있다
진설은 메나 탕이 없을 뿐 기제와 비슷하고
상석 床石*에 진설하고 제관은 남성이고 제복은
도포나 두루마기를 입었다

흔들리는 바람에 잠시 멈춰서서 흠향하고

묘제 후 음복하고
집안 어른에게는 '봉송'을 싸서 보내고
경향 각지에서 모인 친족들은 '종회'를 열어
우의를 다졌다

제례는 산 자와 죽은 자의 만남이고
뿌리에 대한 자존감을 찾는 계기로 삼았다.
일가친척끼리 화합의 장이 되기도 했다

성숙한 문화 넓고 깊은 문화 가슴으로 품고
시대에 따라 요동치는 문화
스스로는 허공을 삼키는 영혼을 본다

저 믄 삶은 정박한지 오랜 배 곡강에 이르니
자진모리에 실려 가는 물든 향기
맺힌 가슴 땅에 묻으니 무지개가 내리쬔다.

산천은 늙은 햇살을 키우면서
고요가 꽃으로 피어나 빛처럼 눈부시다

*추모 追慕: 죽은 사람을 그리며 생각함. *제례 祭禮: 제사를 지내는 의례. *의례 儀禮: 행사를 치르는 일정한 법식. 또는 정하여진 방식에 따라 치르는 행사. *불천위 不遷位: 큰 공훈이 있어 영원히 사당에 모시기를 나라에서 허락한 신위. *향사 享祀: 신령이나 죽은 사람의 넋에게 음식을 바치어 정성을 나타냄. 또는 그런 의식. *기일제 忌日祭: 해마다 사람이 죽은 날에 지내는 제사. *일월성신 日月星辰: 해와 달과 별을 통틀어 이르는 말. *풍사 風師: '풍신'을 달리 이르는 말. *강천 江川: 멀리 보이는, 강 위의 하늘. *종묘 宗廟: 역대 왕과 왕비의 위패를 모시던 사당. *문묘 文廟: 공자를 모신 사당. 원래 선사묘 先師廟라고 하였다가 중국 명나라 성조 때 문묘 文廟 또는 성묘 聖廟라고 하였다. *서원제 書院祭: 조선 시대에, 선비가 모여서 학문을 강론하고, 석학이나 충절로 죽은 사람을 제사 지내던 곳. *선사 先師: 돌아가신 스승. *사당제 祠堂祭: 조상의 신주 神主를 모셔 놓은 집 *종자 宗子: 종가 宗家의 맏아들. *감실 龕室: 사당 안에 신주를 모셔 두는 곳. *독櫝: 나무로 짠 궤. *고조고 高祖考: 돌아가신 고조부. *신알례 晨謁禮: 일찍 일어나 찾아뵙는 인사. *출입례 出入禮: 주인 부부가 집 밖을 출입할 때 알리는 인사. *참례 參禮: 초하루와 보름에 행하는 인사. *천신례 薦新禮: 계절마다 새로운 음식을 올리는 례. *고사례 告辭禮: 장자 長子를 낳았을 때 행하는 례. *친속 親屬: 친속의 범죄에 대하여 그 범인을 숨겨주거나 도피시킬 수 있는 범위에 관한 규정. *배례 拜禮: 윗사람에게 절하는 례. *삽시 揷匙: 삽시는 제사에서 귀신이 밥을 먹는 것을 재연하는 것. *독축 讀祝: 제사 지낼 때 축문을 읽는 것. *부복 俯伏: 고개를 숙이고 엎드림. *제반 祭飯: 끼니 때마다 밥 먹기 전에 밥을 조금 떼어서 신 神에게 감사의 뜻을 표하는 것. 후토신 后土神: 토지의 신. *중오 重午: 음력 5월 5일로, 단오떡을 해 먹고 여자는 창포물에 머리를 감고 그네를 뛰며 남자는 씨름을 한다. *시향 시제 시사. *묘사 墓祀: 같은 말로 묘에서 지내는 제사. *초정일 初丁日: 간지로 첫 번째 정일이라 상정일, 또는 초정일이라 부른다. *상석 床石: 묘지에 세운 돌로 만든 석물. *사당제 祠堂祭: 사당에서 행하는 의식으로는 조상이 돌아가신 날에 올리는 기제사, 매일 아침 집주인이 일찍 일어나 찾아뵙는 *신알례 晨謁禮, 주인 부부가 집 밖을 출입할 때 알리는 *출입례 出入禮: 신정이나 동지, 초하루와 보름에 행하는 참례 參禮, 계절마다 새로운 음식을 올리는 천신례 薦新禮 등이 있다.

동백꽃 연정

영혼의 핏덩어리 동백꽃 연정

선열로 토해낸 독백 깨물어
섧도록 치열하게 쏟아놓고
뜨겁게 붉게 타는 불꽃이 되었네
그리움 한 모금 붉은 낙조로
붉은 가슴 싱싱한 감동으로 쟁이고
끓어 넘치는 선홍빛 갈퀴로
불꽃처럼 가슴 활짝 열고
해조음 타고 동박새 씨방 물고
허공에 속살 비비며 올리는 기원은
사무침이 뒹굴어 간절한 그리움

기다림이 애끓는 동백꽃 연정

여백에 담은 향기

그리움을 심으니 향기로 피어났다

삶의 무늬는 기다림의 향기로
이분쉼표로 빛을 깨운 낮달이 뜨고
시들지 않은 잎새위에 고이는 빛처럼
파동으로 전해지는 망각의 피안에
그림자 갈증은 회한을 내려놓은 몸
햇볕 퍼지른 산 섶에 담은 여백에는
잎이 조각난 신음이 질펀하고
산천에 드르누운 햇살이 허공에 흩날리니
선택적 기호의 신미적 절대미는
그리움이 번지는 눈부신 사연으로

나의 여백에 입체를 담아내는 향기

새색시의 눈꽃

시집간 첫날 첫눈이 오는구나

눈과 눈이 물들인 허공을 나르며
포근하게 끝맺음도 없이 쌓여가는 숨결
두고 온 하얀 그리움이 내린다
사뿐한 춤사위로 솟대 하나 세우고
사락사락 울컥 가슴 메는구나
소복소복 쌓이면서 새침하게 내리다가
앞치마에 비녀위에 나풀거리고
허물 벗은 사무침은 하얀 그리움 되어
잎새에 한 올 파동으로 번졌다가
가녀리게 떠돌다가 고요하고 그윽하게

칠현금을 타는 새색시의 눈꽃

물의 천성

흐르면서 닳아져 풍경으로 흐르고

스스로 낮추어 낮은 데로 흐르는
부딪치면 돌아 너그러이 포용하고
물빛 따라 부딪치며 흘러가는 속성은
맨몸끼리 껴안고 속살까지 내보이며
비바람 매질에도 허공을 구르듯 흐른다
목선 하나 저어가는 흐르는 천성은
휘영청 가슴으로 세상을 포용하고
돌고 돌아 물로 베어 강를 만들었고
잎 진 푸르름을 씹어 구비넘어
가슴을 흩뿌려 귓바퀴 몰래 깨물어도

 삶이 닳아 무늬로 함께하는 물의 천성

사문진작 斯文振作

千年歲月 懷德*에 서린 瑞氣*가 한밭의 精氣*로

아우성이 자욱한 斯文振作*의 氣風이
朝鮮* 고유의 畿湖 眞景 時代의 찬란한 文化가 되어
禮制*가 道德政治*의 깃발로 펄럭이니
理論的 배경과 시대 革新의 방향을 제시하고
尤庵과 同春堂의 時代를 열어
儒學*의 脈*이 懷德에서 朝鮮天地로 振作* 되었다.

儒學은 人本主義的 道義思想을 主軸*으로
明明德* 新民* 止於至善*의 三綱領*을
格物致知* 誠意* 正心* 修身齊家 治國平天下로
修己治人을 實現하고자 몸과 마음을 닦아서
元亨利貞*의 天道가 명한 참된 이치를 깨닫고
外的 德化를 바탕으로 道文一致*하여
天命之謂性* 率性之謂道* 修道之謂敎* 하였으니

마땅히 갖추어야 할 仁義禮智*의 人性*이 根本이라

惟一精純*이 知天命*의 境地*가 되었고
文學*은 文章*과 博學*이 斯文*의 香氣로 피어나서
人性*은 天道*와 합일하여 學과 思를 품었도다

香氣에 취한 이분쉼표의 소리를 빛으로 깨워
實踐道德은 孔孟*의 가르침이 三綱五倫*이라
세 가지 綱領*과 다섯 가지 실천 道德을 강목으로
君爲臣綱* 父爲子綱* 夫爲婦綱*이 삼강이요
父子有親* 君臣有義* 夫婦有別* 長幼有序* 朋友有信*을
仁의 도덕적 삶인 孝悌忠信禮義廉恥*로 삼았다

儒學에서 大學* 論語* 孟子* 中庸*을 四書*라 하고
詩經* 書經* 周易* 禮記* 春秋*를 五經* 이라
顔子* 曾子* 子思子* 孟子* 代에 이어
子思子의 天命說*과 맹자의 性善說*로 정립된 理論이
周子* 張子* 程子*를 거쳐 朱子*에 이르러
人心* 道心*과 四端七情*의 哲學的 경지를 펼쳤도다

朝鮮 儒學은 退溪 李滉과 栗谷 李珥 先生이
主理論*과 主氣論*으로 儒學의 性理學* 적 토대를 닦고
四端七情 論辨*과 禮訟論爭으로 깊이를 더하여
人物性同異論辨*이 哲學 적 存在論的 가치로
性理學的 禮制를 道德政治 이념으로 先驅*하였으니

畿湖儒學*의 聖地 懷德에서 朝鮮天地*로
斯文振作의 북소리가 맑고 높게 활활 타올라서
휘몰아친 光風에 쏟아붓는 것이 人本主義라

懷德의 붉은 黃腸木 文香이 天地에 振動 하였다

*사문진작 斯文振作: 유학의 도의와 문화. *회덕 懷德: 덕을 품다. *서기 瑞氣: 상서로운 기운. *정기 精氣: 천지 만물을 생성하는 원천이 되는 기운. *사문 斯文: 유학의 도의와 문화. *진작 振作: 떨쳐 일어남. *유학 儒學: 중국의 공자를 시조로 하는 전통적인 학문. *맥 脈: 기운이나 힘. *주축 主軸: 중심이 되는 축. *명명덕 明明德: 신민 新民. *지어지선 止於至善: 삼강령 三綱領. *격물치지 格物致知: 사물의 이치를 연구하여 지식을 완전하게 함. *성의 誠意: 정성스러운 뜻. *정심正心: 올바른 마음. *원형이정 元亨利貞: 사물의 근본이 되는 원리. *천도 天道: 하늘이 낸 도리나 법. *공맹 孔孟: 공자와 맹자. *삼강오륜 三綱五倫: 군의신강 君爲臣綱, 부의자강 父爲子綱, 부의부강 夫爲婦綱, 부자유친 父子有親, 군신유의 君臣有義, 부부유별 夫婦有別, 장유유서 長幼有序, 붕우유신 朋友有信. *효제충신예의염치 孝悌忠信禮義嗟恥: 부모에게 효도, 형제끼리 우애, 임금에 충성하고 벗에게 신의를 지키고 상대를 예로써 대하고, 자기 잘못에 대한 부끄러움을 아는 마음이 엄치. 대학 大學, 논어 論語, 맹자 孟子. 중용 中庸: 사서 四書이고, 시경 詩經, 서경 書經, 주역 周易, 예기 禮記, 춘추가 春秋, 오경 五經이다. *안자 顔子: 증자 曾子, 자사자 子思子. *천명설 天命說: 하늘로부터 왕권을 부여받아 백성을 다스림. *성선설 性善說: 맹자가 주장한 인간의 심성에 대한 학설. *주자 周子: 주자학을 집대성한 송대의 유학자. *장자 張子: 중국 고대 도가의 사상가. *인심도심 人心道心: 의리를 따라 나타나면 도심이요, 욕구를 따라 나타나면 인심이다. *사단칠정론 四端七情論辨: 인간의 본성이 사물을 접하면서 표현되는 인간의 자연적인 감정. *주리론 主理論: 모든 진리의 인식은 오성의 선천적 작용으로 이루어진다는 이론. *주기론 主氣論: 우주의 근원적 존재를 추상적인 이 理보다는 물질적인 기 氣에서 구하여야 한다고 주장한 것으로, 기대승·이이가 대표자이다. *인물성동이론변 人物性同異論辨: 인간의 性과 만물의성에 대해 같고 다름을 설명한 성리학 이론. *성지 聖地: 성스러운 땅

『평설』

시정신의 근간은 선비정신이다

신 협
시인. 문학박사. 시문학 회장. 충남대 명예교수

　시정신의 근간은 선비정신이다. 유교문화는 인간애를 바탕으로 한 인문학으로 인간다움을 실천하는 방법에 대한 가르침이다. 현대사회를 살아가는 우리에게 삶의 가치가 무엇이며 인생을 어떻게 살아야 올바르게 사는 것인지에 대한 문제의식을 실천으로 이끌어왔다. 취호당 최재문 시집은 이 시대의 한국 사회를 위해 이정표가 될 만큼 중요한 내용을 담고 있다. 역사적으로 볼 때 고려 시대에는 불교, 조선 시대에는 유교의 학문적 가르침과 성인의 덕행을 담고자 스스로를 다스리는 선비를 국정에 등용하고 조정은 효제충신(孝悌忠信)을 국정지표로 삼았다. 해방에 이어 전쟁의 폐허로 조국 근대화의 과업 앞에 경제적 핵심은 과학적 사고를 불러왔다. 젊은 지식인들은 선비의 교만과 독선이 나라를 망쳤다고 생각했다. 전통을 버리는 것이 지식 인이라 판단

하고 의식개혁과 혁신의 깃발 아래 고도성장 과정에서 복잡한 전통문화는 상실되고, 도덕이 무너지는 각박한 사회로 병들었다. 게오르규가 1961년 무렵 이화여대에서 강연한 내용처럼 서구화에서 얻은 한국병이다. 따라서 이병의 치유는 예의와 염치를 중하게 여기는 선비정신에서 찾아야 할 것이다.

취호당 최재문 시인은 영남 삼노인 백불암 선생의 후손인 명문가 출신으로 대전에 정착하면서 대전일보에 이십여 년간 칼럼을 쓰면서 대전유교문화진흥원 초대 원장, 성균관 전의(典儀)를 역임하면서 주위의 권유로 〈한국문학시대〉에서 시를 등단하고 창작 산맥에서 수필을 등단하면서 등 필자와 함께 작품활동을 하고 있다. 시인은 선비정신에 기반한 『선비 낙향한다낙향하다』와 『어찌하랴 예의와 염치를』를 상재 하면서 한국 시단에 잔잔한 반향을 불러일으켰다. 시집 『취호당 음풍농월(翠湖堂 吟風弄月)』을 펴내면서 취호당은 필자에게 간단한 평문을 부탁해 왔다. 시는 혼으로 쓰는 것이고 시 정신이 결여된 시는 가짜다. 시정신이 약한 시는 낮은 단계의 시이고, 체험에서 얻어지는 시심은 생생한 문학이다. 취호당의 몇 편의 시에서 시집 전체를 시심을 가늠할 수 있었다. 「사문진작(斯文振作)」은 6연으로 이루어져 있다. 사서오경과 유학의 역사를 압축한 서술 시로 분류될 수 있을 것이다. 이 한 편의 시로 조선시대 유학의 역사를 만났으니, 독자는 매우 유익한 공부와 재미를 느낄 수 있을 것이다. 소설 장르가 나타나면서 아리스토텔레스가 구분한 서사시는 사라진 장르로 보고 사문진작은 산문 시로 분류될 수 있다. 다만 사라져가는 선비정신을 진작시키고자 하는 취호당 시인의 노력에는 큰 의미가 있으며 유교문화의 여러 모습을 시로 담아내려는 시도는 독보적이라고 평가할 수 있다. 좋은 시는 시정신의 강도에 따라 평가될 수 있다. 따라서 감동의 크기도 달라질 수 있기 때문이다. 조선시대의 시정신은 주로 선비정신을 두고 말한다. 취호당 시인이 시 창작을 통하여 나타내고자 하는 정신이 바로 예의와 염치를 아는 선비정신이므로 그의 시가 좋은 시로 평가되는 까닭이다.

「각설이 장타령」은 먹고 살기위해 비록 걸식을 하지만 / 작년에 왔던 각설이 죽지도 않고 또 왔네/을 리듬에 맞추어 부르는 타령이 흥겹게 들린다. 이 시에는 시대상과 해학이 스며 있다. 문학에서 해학은 매우 중요한 요소이다. 가난하여 거지 신세이지만 웃음을 잃지 않고 당당함을 볼 수 있다. 「소금꽃」은 4연의 짧은 시다. 함초, 갯개미취, 해홍나물 갯골에서 염생은 바닷가 짠물에서 자라는 식물들이다. 「해안선」은 6연으로 짜여 있다. 이 작품은 산문시의 형태를 취하고 있다. 3.8 해안은 남북이 대치 상태로 긴장된 모습이 생생하게 역력하다. 탁무(鐸舞)는 목탁을 가지고 추는 춤으로 여섯 연으로 짜여 있다. 목탁을 가지고 참선을 나타내는 춤으로 /좌우 위아래 오금을 주고 끄떡여 흥을 보태고/ 묘사가 돋보이며 〈법어〉〈백팔번뇌〉〈무아 무심〉〈독경〉〈연향〉〈연밥〉〈탁무〉〈장삼〉〈해탈〉 등의 불교 용어가 시의 키 워드가 특징이다. 취호당 시인의 독특한 시 창작 방법은 첫째 연에서 전체의 흐름을 암시하고 마지막 연에서 촌철살인 하듯 임팩트를 주었다, 첫 연과 끝 연에 각각 한 행으로 하는 것이 특징이다. 이 작품만이 아니라 대부분의 작품이 서로 동일한 특징이었다.

  우리 시대는우리시대는 선비정신의 청빈은 구시대의 덕목이 되고, 동기나 과정보다 결과가 판을 치고, 배금주의 사상의 팽배, 인륜의 붕괴, 예의범절의 단절, 범죄의 양극화. 인본의 가치 상실 시대가 오고 말았다. 선비는 정신문화의 현대화, 전통문화의 대중화를 하지 못한 과오를 범했다. 선비는 뿌리 깊은 원죄 의식을 처절하게 반성하고 다음 세대를 준비할 도덕성 회복 운동을 지필 때가 지금인데 이러한 사회현실에서 선비정신이 복원되어야 한다는 점에서 취호당과 필자는 같은 생각을 하고 있다. 모처럼 보기 드문 선비정신을 소재로 한 이 시집의 일독을 권하며 선비의 기품을 보는 호사를 함께 누렸으면 한다.

시적 언어의 중점가치를
심미적 디자인하는 시인

제갈정웅
시인. 경제학박사. 전) 대림대학 총장. 한국현대시인협회 이사장

 취호당 최재문 시인은 일찍이 정보통신회사의 최고 경영자를 역임하고 퇴직 후 인문학에 깊은 관심을 가지고 대전 유교문화원장으로 재직하면서 시를 짓고 수필을 쓰며 칼럼니스트로 활동하는 작가이다. 그래서 그의 시집 취호당 음풍농월에서 선비의 풍류를 여유로 그리고, 이 시대 최고 화두인 첨단 AI 과학을 시적 표현으로 승화했다. 어쩌면 취호당의 삶의 궤적을 볼 때 당연하다고 하겠다. 그래서 그의 시에는 전통과 현대가 잘 어울러져 있다. 그의 시 사피엔스 sapiens에서

 기억을 가슴으로 품은 메모리/ 오늘을 클릭하면 어제가 연산 된다/ 자아를 가진 AI 데이터는/ 무선 키보드가 허공을 클릭하자/ 들쑤신 혼돈의 편린을 깨워/ 가슴앓이에 쌓인

낙조가 선혈을 토하고/ 메타사피언스로 일상을 클릭한다/ 데이터베이스를 가다듬는 AI는/ 인간 친화적 4차 혁명의 메타 트렌드로/ 빛의 향기 따라 인간윤리를 몰고와/ 프로토콜을 업그레이드한/ 가공데이터로 인간 친화를 조각했다/ 예의와 염치를 아는 AI

취호당은 선비정신과 유교적 가치를 바탕으로 삶의 의미와 인간다움을 탐구하고, 자연과 인간, 과거와 미래, 현실과 가상의 관계를 조화롭게 표현한다. 이렇게 반대되는 것 같은 것이 사실은 양자물리학에서는 상호 보안적이라고 보는 것이다. 밤이 낮과 반대가 아니라 낮이 존재의미를 갖는 것은 밤이 있기 때문이고 밤은 또한 낮이 있어 존재 의미가 있는 것이다.

취호당은 시의 언어적 선택을 심미적 디자인으로 언어를 조각하는 시적 중점가치 이기도하다.

이 서사집 전통과 현대 동양과 서양 인간과 기계 삶과 죽음에서의 시적 디자인은 고차원의 심미적 경험을 제공하고 비판적 의도를 완곡하게 표현함으로써 크리티컬 디자인 분야로 연결되면서 다양하게 대립적이며 상호보안적인 인문학적 전통문화의 모습을 보여주는 시의 풍부한 세계를 감상할 수 있게 했다.

감각적 묘사, 감성이 빚어낸 서정 미학

손수여
문학박사, 문학평론가, 국제PEN한국본부 대구지회장

이 글은 취호당 최재문 시인의 시집을 대상으로 시 몇 편을 자의적으로 선정하여 그의 시세계를 살펴보고자 한다. 취호당 최재문 시인은 금년에 산수(傘壽)를 맞이하셨다. 그럼에도 청장년 같은 체력을 갖고 얼핏 보면 회갑을 맞이한 사람처럼 건강미가 넘치신다. 몸도 마음도 잘 관리하신 분임에 틀림이 없다. 이른 시기에는 40여 년 전에 JCI 및 로타리클럽 회장으로 봉사하고 대전 유교문화진흥원 초대 원장과 성균관 전의를 역임하신 유교문화의 큰선비이시다. 말하자면 관혼상제에 대한 해박한 전문가로서 이 시대의 마지막 세대 어른이기도 하다. 그런 연유로 생각하면 이 시집에 보인 다수의 시에 비하여 형식상 장문의 서사시가는 독자에게 당혹스러움을 덜 수 있을 것 같다. 시인에게 시 쓰기란 감각을 창의롭게 하는 일이다. 오감의 지평을 새로이 현실과 정신, 실재와 관념을 잇는 튼튼한 얼개를 구성하는 일이다. 시인은 시가 전언하는 기능을 너머 인본주의적 사유의 한 형식임을 환기시킨다. 이 점에서 서사적 유형의 긴 시가는 취호당 시인만의 독특한 시각에서 후세에 남기고자 하는 견해일 수도 있겠다. 그럼에도 불구하고 그의 시 가운데 길지 않는 다음 몇 편이 지닌 특징을 살펴보기로 하자.

　취호당의 시 「소금꽃」의 '소금'은 염전에서 바닷물을 증발시킨 노동자 땀의 결정체이다. 뜨거운 햇빛과 바람과 노동력의 조화로써 그 생성 과정을 시인은 전, 후절로 나눠서 섬세하게 그려내고 있다. 소금은 인간의 식생활에 없어서는 안 될 필수 요소로 음식의 간을 맞추는 기본 재료이다. 이뿐만 아니라 부패를 방지하는 성분 때문에 우리 사회를 정화시키는 상징성을 지닌다.
　"신안 중도 태평 소금밭에는 / 파도를 바람의 갈퀴로 끌어모아/는 곧 망망대해의 파도가 바람에 밀려와서는 부서지는 바닷물을 염전으로 가두고 모아낸다. "쏟아지는 붉은 땡볕 가슴에 안고/파도 마디 허물어 시간을 절여서/ 고운 빛깔 화음의 향기로/ 쏟아진 폭양은 물결따라 춤을 추고/ 함초 갯개미취 해홍나물 갯골에는/ 염부의 땀방울에 해조음을 수놓아/ 물의 육체에 햇빛의 문양을 새기고/ 염발에 닿은 긴 아픔을 깨물어/ 향기도 색깔도 자연의 맛으로 남을/ 깔끔하게 토해놓은 토판염/ 염부의 등짝에 핀 희세의 소금꽃/

고운 빛깔 해조음을 수놓아 그렇게 반복되는 과정에서 "맑은 바람 밝은 햇덩이가 토판염이 되어 삶의 늪 등짝에 핀" 세상에 드문 '소금꽃'이라 했다. 우주호를 발사하고 달나라에 가는 세상인데도 소금은 오로지 인간의 원시적 방식으로 얻어내는 값진 '노동, 근로'의 고귀한 '꽃'으로 승화시킨 것이다. 시인만이 가질 수 있는 혜안이고 특권을 그는 누리고 있다. 이제 그의 시편 중, 전혀 색다른 소재의 시 한 편을 보기로 하자.

> 2. 적막한 해안선에 칼바람을 벗하는 수평선이 진동했다 / "경고" 밤 7시 이후 접근 자는 간첩으로 오인 사살될 수 있음 / 부딪히는 파도 소리에 해안선에 조준되는 총구는, 간첩 잡겠다는 각오로 홀로 훈련에 거듭 열중했던 초병의 야시경에 낮은 포복으로 들썩이는 어깨가 잡혔다 / 그의 온몸이 두려움에 휩싸인 채 정조준한 총은 불을 토했고, 들썩였던 어깨는 탄 발에 찢겨 철조망 아래로 흩어졌다 …(중략)…
> 해안선 주위에 야릇한 미소를 흘리며 꽃등에 결박당해 철책선을 맴도는 여인이 있었다
> ─「꽃등에 결박당한 철책선」일부

그의 시 「해안선」은 우리에게는 낯설지 않지만 이 시집 중 아주 독특한 소재로 쓴 시이다. 80억 인구가 살고 있는 지구촌에서 대한민국은 남북이 가로막혀 상호 간의 적대 관계의 유일한 분단국가이다. 그것은 한국전쟁 후 이미 73년

을 남북 칠천만 동포가 북위 38도 선상에 일백오십오 마일의 철조망을 치고 남북으로 오갈 수 없이 총구를 겨누고 있는 뼈아픈 현실에 있다. 이 시의 핵심은 적대 관계에 있는 아군 곧 시적 화자의 초병은 적을 섬멸한 공으로 포상휴가를 나오고는 자신의 죄책감으로 하늘에 용서를 구하고 고백하였으나 정신장애를 일으켜 마침내 전역하는 비극적인 종말을 그려낸 애환이 담긴 시이다.

여기에는 자유민주와 사회주의의 사상과 이념으로 통절의 애환을 담고 있는 조국의 수호를 위한 '해안선' 곧 '꽃등에 결박당한 철책선' 경비대를 그려낸 시이다. 이런 현실에서 어느 한쪽 진영으로의 통일은 무척 어렵다. 서로 원하지 않는다. 그렇다면 우리가 할 수 있는 길은 먼저 상호 간의 체재를 인정하고 평화유지를 하도록 명분을 쌓아야 한다. 그리고 북녘에서 함부로 망상이나 침략 야욕을 가질 수 없도록 월등한 자주국방력의 우위에 서야 한다. 말하자면 북핵을 능가하는 힘을 가져야 한다.

 3. 노란 씨방 물은 새하얀 찔레꽃은/ 넓고 깊게 토한 향기ㄴ는 하얀 숨결이라/ 날빛 허공을 품어 숨겨진 세상을 열고/ 쌓인 외로움이 한 잎 두 잎 잎이며 꽃이며/ 소리그늘 굽이치며 환영의 넋으로/ 순백 소복하게 꽃잎에 돋은 심장이라/ 낭자하고 수줍음을 담아내는 향기는/ 눈빛에 덧났던 기억들이 펄럭여서/ 찔레꽃 안에서 한 줌 새소리가 들린다/ 앵돌아져 하이얀 미소로 떠도는 이 아픔/ 감출수록 더 외로움을 어이

하랴/가이 어린 흔적들이 빛살로 굽이친다
                              -「흰 잎 찔레꽃」 전문

    시「흰잎 찔레꽃」은 그의 시중에서도 감성으로 빚은 서정시의 백미(白眉)라 여겨진다. 첫 행부터 "뒤란에 향기가 살고 있다"는 표현은 싱그러운 봄을 '후각'이나 '시각' 나아가 '촉각'을 환기시킨다. 마지막 행도 "가이 어린 흔적들이 빛살로 굽이친다" 역시 시각적 시어가 그렇다. 장미가 짙붉은 약간 더 농염한 자태라면 찔레는 순박하고 그냥 시골 동네 담벼락이나 울타리 어디에도 가리지 않고 넝쿨 올리며 피어 있는 모습이 그려진다. 그러니까 날아가던 참새도 앉고 나비도 앉고 없어도 마치 한 줌 새소리가 들릴 듯하다.
    이 시에서 "노랑 씨방"과 "새하얀(흰 잎) 찔레꽃", "하얀 숨결" 등의 색상 곧 시각적 이미지와 "넓고 깊게 토해내는 향기"의 후각적 이미지, 그리고 "하얀 숨결"이라는 호흡기관의 촉각적 이미지에다가 찔레꽃 안에서 들리는 "한 줌의 새소리"는 청각적 이미지가 겹치는 소박한 시인의 감각적 묘사가 돋보인 시이다.
    시인이 얼마나 사물, 객체에 몰입되었는가는 물아일체가 된 경지, 곧 "앵돌아져 하이얀 미소로 떠도는 이 아픔"을 인지하고 공유하는 정서에 있다. 그래서 이 시의 구성을 촘촘히 들여다보면 '찔레꽃'의 속성을 시인은 따로 기억해 내고 있다.
    '외로움, 환영의 넋, 순백의 심장, 낭자하고 수줍음의 향기, 눈빛의 기억, 새소리, 아픔, 외로움' 등의 시어가 이 시의 서정적 자아를 고결하게 승화시키고 있다.

    4. 그림자 지운 굴곡진 발자취 따라
    빛바랜 문전, 길 잃은 걸음 짊어진 채/ 쭈그러진 깡통, 허리춤에 매달고서/ 삼백리 가는 길에 정든 임 만났구나/ 일자나 한자 들고나보니/ 얼씨구 시구 들어간다. 저 얼씨구 시구/ 작년에 왔던 각설이 죽지도 않고 또 왔네/ 굿거리 장타령을 덧뵈기로 넘기고서/ 추녀 밑에 망연히 걸터앉아/ 붉게 타는 종소리에 허기를 쓰다듬고

    실금 간 발가락이 애처롭구나
                            – 「각설이 타령」 전문

    그의 시 「각설이 타령」은 띄어 쓴 행을 포함해서 열세 줄이고 첫 행과 6행, 마지막 행을 제외하면 전반부와 후반부 4행은 각각 인과관계로 맺어진 내용이 흥미롭다. 이 '각설이타령'은 '품바타령'으로도 불리며, 내용상으로는 그 어디에도 표현이 담겨 있지 않지만 취호당 시인의 출생과 관련하여 유추해 보면, 일제 강점기에서 광복을 맞이하자 곧 한국전쟁으로 인하여 나라는 폐허의 잿더미 위에 5, 60년대를 굶주리며, 일궈 온 민족의 애환이 묻어나는 시이다. 그것은 중반부 이 '각설이 타령'의 핵심인 "작년에 왔던 각설이 죽지도 않고 또 왔네"에 모질게 살아남은 인생, 곧 현실적 존재의식을 풍

유와 비유적(比喩的)으로 알리고 있다. 각설이는 초라하지만 그래도 시인은 전반부에서 "쭈그러진 깡통에 허리춤을 매 달고"는 역설적, 비논리적 구조로 파격을 은근슬쩍 드러내고 있다. 말하자면 직설적 어법 구조인 "쭈그러진 깡통을 허리춤에 매단 것이"라 하지 아니하고 후반부의 "의젓한 가락의 품세로 구성진 장타령을 읊고"는 한국적 토속적 정서의 근원을 표출한 것이다. 그러나 살아남기 위하여 동네를 누비고 동냥한 처지의 이력은 곧, '실금 간 발가락이 애처롭다'고 술회하고 있다. 말하자면 물질 만능과 인간 상실의 병리적 사회의 부조리의 초월적 입장에서 사르트르의 실존과 삶의 인식과 존재, 까뮈의 존재 부조리를 통섭(統攝)하는 기회가 되었다.

> 비슬산아 / 날더러 어쩌라고 어찌하라고/ 봄을 앓는 입덧이 발갛게 물들여/ 연분홍 살갗으로 짙붉게 출렁여서/ 진달래로 토해놓은 비슬 참꽃 천상 화원아/ (중략) 비슬산아/ 날더러 어쩌라고 어찌하라고
> —「날더러 어쩌라고 어찌하라고」 전문

시 「어쩌라고 어찌하라고」는 소재인 참꽃의 개화 과정과 절정을 의인화한 자연친화적인 시이다. 취호당 시인이 태어난 고장이 바로 달성이고 비슬산 자락이다. 올해 산수를 맞이하신 시인에게 비슬산의 참꽃은 산의 성징이요, 그의 어릴 적 분홍 꽃물로 얼룩진 추억의 꽃이고 꽃잎 따먹고 흠

뻑 젖었던 흥건한 선혈의 꽃이다. 그것은 최근까지 달성문협에서 해마다 개최하는 참꽃 축제가 그런 배경을 암시해준다. 올해가 스물여덟 번째로 참꽃문화제가 비슬산 자연휴양림에서 4월 13일과 14일 열린다.

특히 이 시는 '어쩌라고 어찌하라괴[여하여하]'의 반복적 수미상관의 전통 시의 형식적 구조를 보이며, "비슬산아" 부름말(호격)이 친근감을 준다. 이른 봄 이월에 매화라면 춘삼월에는 뒷산을 벌겋게 달궈버리는 참꽃, 꽃물이다. 그것은 생명의 신비로움과 경외감을 임산부에 비유한 것이 매우 신선하다. 전반부는 "봄을 앓는 입덧이 발갛게 물들어/ 짙붉게 출렁여서 토해놓은"이라 했고 후반부에서는 "째지게 찢어발긴 새빨간 목젖/ 노랑 씨방 붉은 참꽃아"라고 '천상의 화원'으로 명명하고 있다. 따라서 이 시는 시심과 자연이 하나가 되는 '자연합일(自然合一) 물아일체(物我一體)의 시라고 촌평을 붙인다. 이 시의 기저에는 자연과 합일 되는 묘한 감흥을 종영의 시품에서 다음과 같이 살필 수 있겠다.

"기가 만물을 작동시키며, 그 만물이 사람의 감흥을 자아낸다. 또 천지를 움직이고 귀신을 감동시키는 것으로 시보다 더 가까운 것은 없다 氣之動物 物之感人 動天地 感鬼神 莫近於詩"고 한, 당(唐)대의 비평가 종영(鍾嶸)의 시품 상품서에 보인 품평이 바로 그렇게 겹쳐져(oerlapping) 뇌리를 때린다. 문학은 삶의 투영이고 그 소산물이라는 점에서 큰선비의 감흥은 시공을 초월하는가 보다.

선비의 풍류를 찾아

이승복
시인. 문학박사. 홍익대학교 사범대학 교수

 어디에서 시작하여 어디로 가고 있는지를 묻곤 한다. 하지만 이는 우리가 마침내 가려는 곳 그 곳이 어디인지가 궁금하기 때문만은 아니다. 그보다는 어쩌면 이 길의 끝을 향해 가고 있는 우리들이 하루하루 걷고 있는 이 순간순간의 일상이라고 하는 것이 과연 어떻게 채워져야 하고 어떻게 이어져야 마땅한지를 묻는 것이기도 하다. 어떻게 살아갈 것인지, 어떻게 살아가고자 하는 것인지를 함께 묻고 있는 것이라 하겠다. 취호당 최재문의 시 세계는 바로 여기에 발을 디디고 있다.

 취호당의 시 세계는 우리들 인간이 마땅히 지녀야 할 삶의 자세와 태도에 대해 진지하게 묻고 있으며 또한 제시하고 있다. 궁극적인 삶의 방향이란 과연 어디를 향해야 하는

지 그리고 오늘 이 순간의 자리와 우리가 가려는 저 먼 곳 사이에서 우리는 과연 어떻게 하루하루의 삶을 다듬어가야 하는지를 처절히 고민하고 있는 것이다. 하지만 취호당 그가 말하는 바람직한 삶의 자세란 결코 어려운 것도 아니며 모르는 것도 아니다. 이미 우리의 손이 닿는 곳에서 또렷하게 자리해 있지만 미처 헤아리지 못하고 있을 뿐이다. 그래서 우리는 찾아 나서야 한다. 우리들 자신의 삶을 위해서. 의외로 선명하게 우리들 곁에서 얼굴을 드러내고 있는데도 결코 찾아내지 못했던 그것을 반드시 찾아내야 한다.

취호당이 말하고 있는 그것은 바로 '선비의 풍류'이다. 시집에 수록된 시작품 모두에서 일관되게 말하고 있듯이, '선비의 풍류'란 사람이 살아가는 일이기도 하고 지켜내야 할 질서이기도 하며 시인으로서 시를 쓰는 일이기도 하다. '선비의 풍류'란 마땅히 지켜야 할 사회적·시대적 규범이기도 하고, 자연과 인간 사이의 조화를 빚어내는 진리이기도 하며, 사람끼리 갖추어야 할 윤리이기도 하다. 뿐만 아니라 그것은 음풍농월로 빚어내는 예술이기도 하고, 삼가면서 살아가는 선비의 절제된 태도이기도 하다. 여기에 더하여 취호당이 말하는 풍류란 진리 그 자체이기도 하고 궁극적으로 지향해야 할 가치이기도 하지만, 그런가 하면 치우침이 없는 중용이기도 하고, 완벽하기 이를 데 없는 자연이라는 완성체이기도 하다. 그리하여 선비의 풍류란 세상을 꿰뚫는 빛이기도 하고 살아 숨 쉬는 생명이기도 하다. 외롭지만 꼿꼿하게 버텨내야 하는 수도사의 삶처럼 스스로를 절제하면서 지켜나가야 하는 학문과 예술의 태도이기도 하고 지행합일의 지침이기도 하다. 결국 '선비의 풍류'란 선의 자리에서 지켜져야 할 모든 것이고 모든 것의 근원이기도 하며 모든 것의 방향이기도 하다. 그리고 모든 것이 시작되는 원동력이기도 하고 모든 행위의 실천 덕목이기도 하다.

그러니 만일 우리가 이를 알고도 손에 쥐지 못한 채 서성이고 있다면 그것은 없는 것과 다르지 않다. 그리하여 풍류 없는 삶을 이어간다면 우리는 마침내 모든 가치의 상실을 맞이해야 하고 오만한 배금주의에 치우쳐 혼란과 타락으로 기울어져야 할 것이며 상실과 몰염치의 반인륜을 허용해야 할 것이다.

취호당이 이 시집을 서사시라고 말하는 이유도 여기에 있다. 각 편의 형식을 취하고 있지만 어느 작품 하나 '선비의 풍류'라는 그의 담론으로부터 동떨어져 있는 작품이 없다. 일관된 맥락을 보여주고 있다. 형식에서도 그러하다. 제시와 탐색 그리고 판단으로 이루어진 삼단 구성으로 그의 시 쓰기는 일정한 체계를 견고하게 유지하고 있다. 그만큼 취호당의 시세계에서는 시적 완성과 삶의 완성이 결코 다르지 않은 것임을 간파하고 있는 셈이다. 그렇다면 왜 그랬을까?

왜 '선비의 풍류'로 집중하지 않으면 안 됐을까? 이유는 선명하다. 지금의 세상은 그리고 지금의 우리들은 무엇보다 절실하게 '선비의 풍류'를 필요로 하고 있기 때문이다.

현대사회라고 일컬어지는 지금 여기의 우리들은 갈등과 대립 그리고 혼돈과 타락의 일상에 기울어져 있다. 물론 우리들 또한 이를 모르는 바 아니다. 그럼에도 불구하고 오만과 몰염치 그리고 반인륜과 배금주의에 치우쳐 있는 우리 스스로를 구해낼 만한 지침과 신념을 잃어버린 채 머뭇대고 있는 것이 사실이다. 산업화 이후에 등장한 가치 상실의 상업주의와 욕망이나 본성만을 자극하는 표피적 문화풍토로부터 스스로를 건져낼 힘이 부족한 것이다.

그래서 지금 우리에게 무엇보다 절실하게 필요한 것은, 우리 스스로 우리를 살려낼 수 있는 힘, 우리를 지켜낼 수 있는 신념과 의지라 하겠다. 그리고 취호당이 말하는 '선비의 풍류'가 바로 그것이다. 오늘을 가리고 있는 저 그림자를 걷어내고 찬란한 빛을 실제의 삶에 고스란히 새길 수 있는 신념과 힘의 자리에 마땅히 놓여야 할 지침이 바로 '선비의 풍류'라 하겠다. 그래서 지금 우리는 새삼 선비가 되기에 주저함이 없어야 한다. 취호당의 시세계와 더불어 이상과 일상이 자연스레 어울릴 수 있도록 학문과 예술에 귀 기울여야 하고 사람과 사람 사이에서는 예의의 소홀함이 없도록 노력해야 하고 이해와 수용의 자리에서는 명분과 감성의 조화를 위해 노력해야 한다. 이미 알고 있으면서도 미처 삶에 안착시키지 못했던 풍류정신을 취해야 하며 풍류정신이 말하는 지행합일을 통해 진정한 삶의 가치와 모양을 가꾸어 가야 한다.

　새삼 취호당의 시세계를 접하며 잠시 잊고 지냈던 도리의 세계를 생각해 볼 수 있었다. 실로 감사할 일이다. 신독이라고 했던가, 마땅히 한 명의 사람으로서 나는 내 스스로를 단속할 수 있어야 하고, 사회 구성원의 하나로서 나는 예의와 염치로 임해야 한다. 그것이 곧 도리이며 자신의 권위와 품격을 다듬는 일이다. 낙원재를 채우고 계셨던 할아버지가 그러셨고 운달산 사찰에서 제석천을 말씀하시던 승려가 그러하셨듯이 말이다. 우리들은 이 현모한 도리요 수기치인의 담론을 실제의 삶 속에 뿌리내리게 해야 한다. 사람과 예술과 생명과 시와 흥이라고 하는 모든 것이 결코 다르지 않다는 취호당의 서사에 흠뻑 젖어 볼 일이다.